O 17º Gyalwang Karmapa, Orgyen Trinle Dordje

COMPAIXÃO AGORA!

O 17º Gyalwang Karmapa, Orgyen Trinle Dordje

COMPAIXÃO AGORA!

www.kttbrasil.org

Compaixão AGORA! é o título para o "Ensinamento sobre compaixão", do 17º Gyalwang Karmapa, ministrado na The Foundation for Universal Responsibility, em Délhi, na Índia, em fevereiro de 2010.

Traduzido para o inglês por Lama Yeshe Gyamtso.
© 2011 Tsurphu Labrang

Todos os direitos desta edição são reservados.
© 2021 Editora Lúcida Letra

Publicado originalmente por: KTD Publications
Título original: Compassion now!

Coordenação editorial: Vítor Barreto
Tradução em português: Lama Karma Tartchin e Karma Tchözang Gyalpo (Leonardo Cirino)
Revisão: Dirlene Ribeiro Martins e Nádia Ferreira
Projeto gráfico: Aline Haluch
Ilustração da capa e página 6: Ansyse Ladeia

Dados Internacionais de Catalogação na Publicação (CIP)

T833c	Trinle, Orgyen (Dordje).
	Compaixão agora! / Orgyen Trinle Dordje ; tradução em português: Lama Karma Tartchin e Karma Tchözang Gyalpo (Leonardo Cirino). – Teresópolis, RJ : Lúcida Letra, 2021.
	96 p. ; 18 cm.
	ISBN 978-65-86133-29-5
	1. Budismo. 2. Compaixão. 3. Amor. 4. Sabedoria budista. I. Tartchin, Lama Karma. II. Gyalpo, Karma Tchözang. III. Título.
	CDU 294.3

Índice para catálogo sistemático:
1. Budismo : Compaixão   294.3
(Bibliotecária responsável: Sabrina Leal Araujo – CRB 8/10213)

Sumário

O 17° Karmapa, Orgyen Trinle Dordje	7
Compaixão: a base do budismo	13
PERGUNTAS E RESPOSTAS	27
Desenvolvendo amor e compaixão	34
PERGUNTAS E RESPOSTAS	46
A base de nosso ser	56
PERGUNTAS E RESPOSTAS	72
A prática de amor e compaixão de Tchenrezig	81
Agradecimentos	94

O 17º Karmapa, Orgyen Trinle Dordje, Gyuto, Índia, 2010

O 17º Karmapa, Orgyen Trinle Dordje

Em 19 de junho de 1985, a linhagem de renascimentos dos Karmapas tomou forma pela décima sétima vez com o nascimento de um menino, no Tibete. Como ele havia indicado em sua vida prévia como o 16º Gyalwang Karmapa, o 17º Karmapa nasceu no leste do Tibete, de uma mãe chamada Lolaga e um pai chamado Döndrup. Durante os primeiros anos de sua infância, o Gyalwang Karmapa partilhou da simples vida nômade de sua família em um remoto e rústico canto do planalto tibetano.

Quando tinha apenas sete anos, um grupo de busca chegou ao acampamento de sua família. Seguindo as instruções detalhadas de uma carta escrita em sua vida anterior, a do 16º Karmapa, o grupo foi capaz de localizar o jovem Karmapa. A identificação da criança como o Karmapa foi verificada não apenas por Tai Situ Rinpoche, Goshir Gyaltsab Rinpoche e muitos outros grandes lamas Karma Kagyu, mas também pelo Dalai Lama. Em um ineditismo histórico, o governo comunista chinês também o reconheceu, oficialmente, como o Karmapa.

O Karmapa seguiu com o grupo de busca para o Monastério Tsurphu, no Tibete central, onde foi entronado e recebeu sua ordenação monástica inicial. Em seguida, começaram os processos de estudo e treinamento tradicionais para Karmapas, mas também iniciou o oferecimento de instruções espirituais para outros quase que imediatamente. Seu primeiro ensinamento público – dado em Tsurphu, no Tibete, quando tinha apenas oito anos – foi assistido por mais de 20 mil pessoas. Contudo, foi negada aos maiores detentores da linhagem Karma Kagyu a permissão para entrarem no Tibete a fim de transmitirem as instruções essenciais da linhagem para ele, uma situação que constituiu um obstáculo intransponível para sua função completa como Karmapa no mundo.

Aos 14 anos, o Karmapa estava determinado a fugir do Tibete e buscar liberdade para cumprir seu papel como um líder espiritual mundial e assumir suas responsabilidades como o regente da linhagem Karma Kagyu. Cruzando os Himalaias num jipe e a cavalo, a pé e de helicóptero, Gyalwang Karmapa chegou a Dharamsala, na Índia, em 5 de janeiro de 2000. Lá, foi recebido calorosamente por Sua Santidade, o Dalai Lama, com quem Gyalwang Karmapa, desde então, desfruta de uma relação próxima de mentor e protegido.

Durante os primeiros dez anos vivendo na Índia, como refugiado, o Karmapa passou por um treinamento monástico tradicional e por educação filosófica, enquanto também seguia uma educação moderna particular. Recebe dezenas de milhares de visitantes de todo o mundo em sua residência, em Dharamsala, a cada ano. Desde 2004, Gyalwang Karmapa lidera a Kagyu Monlam Chenmo, um encontro anual de inverno, em Bodhgaya, que atrai milhares de participantes de muitas diferentes tradições budistas do mundo.

Em maio de 2008, fez sua primeira e muito aguardada viagem ao Ocidente, indo para os Estados Unidos, onde visitou a sede norte-americana do seu centro de Dharma em Nova York e algumas outras instituições sob sua liderança espiritual. Além disso, Gyalwang Karmapa viaja por toda a Índia para participar da vida cultural e religiosa de seu lar adotivo. De inaugurações de templos para Sai Baba, em Tâmil Nadu, a comemorações do centésimo aniversário de nascimento de Madre Teresa, em Calcutá, o Karmapa tem encontrado muitos outros líderes espirituais em um clima de mútuo respeito e tolerância. Em novembro de 2009, foi convidado a falar na conferência TED Índia, tornando-se a mais jovem pessoa a fazê-lo. Em janeiro de 2010, mais de 12 mil pessoas assistiram à encenação ao vivo, em seis atos, da vida de Milarepa, que o Karmapa escreveu e produziu combinando elementos de ópera tradicional tibetana e teatro moderno.

Como um erudito e mestre de meditação, tanto quanto como pintor, poeta, compositor e dramaturgo, o Gyalwang Karmapa incorpora uma larga gama de atividades nas quais os Karmapas se engajaram ao longo dos séculos. Como um ativista do meio ambiente, entusiasta da computação e líder espiritual mundial cujos ensinamentos são frequentemente transmitidos ao vivo, o 17º Gyalwang Karmapa trouxe as atividades da linhagem Karma Kagyu totalmente para o Século 21.

Adaptado do livro *Karmapa: 900 years*, publicado em 2010 pelo Karmapa 900 Organizing Committee.

O 17º Karmapa Orgyen Trinle Dordje

COMPAIXÃO AGORA! *Estou encantado por ter a oportunidade de discutir o Dharma com vocês a convite da Foundation for Universal Responsibility, criada e liderada por Sua Santidade, o Dalai Lama. Não consigo realmente traduzir Foundation for Universal Responsibility para o tibetano. Seria algo como "tomando a responsabilidade pelo mundo inteiro", que acho ser correto. De qualquer forma, estou encantado por estar aqui.*

Saudação de abertura do 17º Gyalwang Karmapa, Orgyen Trinle Dordje, apresentando seu "Ensinamento sobre compaixão" na Foundation for Universal Responsibility, em Délhi, na Índia, em fevereiro de 2010.

Compaixão | A base do budismo

Hoje, vou discutir a prática do amor e da compaixão.

As palavras *amor* e *compaixão* se referem a coisas que sentimos ao longo da vida, que sempre estão conosco, e que nos são extremamente familiares. Tão familiares que podemos ter as palavras *amor* e *compaixão* para, realmente, dar surgimento ao verdadeiro amor e à verdadeira compaixão, que envolvem mais do que essas palavras comuns implicam. Dar surgimento a esses dois conceitos não é tão fácil quanto falar sobre eles.

Por que é mais difícil desenvolver verdadeiros amor e compaixão do que simplesmente falar deles? Porque, para cultivá-los, precisamos, primeiro, transformar aquelas condições adversas dentro de nós que inibem o desenvolvimento do amor e da compaixão. Como disse, as condições que são adversas a esse desenvolvimento não são externas. Elas são internas, estão dentro de nós. São *kleshas*[1], como ódio, ciúmes e desejo. É difícil falar sobre

---

[1] Nota do editor: kleshas, do sânscrito, comumente traduzido como emoções aflitivas.

desenvolver compaixão e amor, que são completamente livres disso, porque esses kleshas estão presentes dentro de nossas mentes, não são realmente externos a nós. É, portanto, mais difícil nos livrarmos deles do que de uma mera adversidade externa, a menos que nos voltemos para dentro e trabalhemos internamente. Enquanto falharmos em fazer isso e nos focarmos apenas no externo, é muito difícil desenvolver amor e compaixão verdadeiros.

Em geral, podemos dizer o seguinte sobre todos esses ensinamentos: tudo o que agora chamamos de budismo é baseado, fundamentalmente, em compaixão. O budismo se baseia em compaixão no sentido de que os ensinamentos do Buda (quando ele ofereceu certos ensinamentos em determinados momentos para determinadas pessoas) eram baseados inteiramente em finas distinções entre os indivíduos. Distinções essas que surgem por meio da observação, de um olhar compassivo. Isso significa que o Buda sempre ensinou de modo que tudo se adequasse às disposições, aos interesses e às situações específicas daqueles seres para quem ele estava ensinando, naquele momento. Portanto, nos casos em que uma explicação direta da natureza das coisas – como vacuidade e assim por diante – não fosse de ajuda, o Buda não daria a tal explicação. Então, encontramos alguns dos ensinamentos do Buda em que ele dizia que o *eu* existe porque, assim falando, ele estava sendo do maior benefício possível para aqueles seres específicos a quem ele estava ensinando naquele instante. O ponto por trás de todo ensinamento do Buda é uma conformidade compassiva às reais necessidades dos seres.

Dessa forma, o Dharma do Buda é definido pela compaixão; podemos dizer que qualquer *yana* ou "veículo" do budismo é essencialmente ensinado e praticado de acordo com a motivação de uma pessoa ou outro tipo de compaixão. Isso é igualmente verdade no que convencionalmente chamamos de o menor e o maior veículos. A única distinção que podemos fazer entre as diferentes motivações é o que chamamos de uma compaixão focada exteriormente e uma focada interiormente. Por "compaixão focada exteriormente" quero dizer a observação do sofrimento dos outros e a busca resultante por uma solução para aquele sofrimento alheio, que é o que convencionalmente chamamos de "compaixão". No entanto, quando a mesma busca por uma solução para o sofrimento está focada no interior, na observação do próprio sofrimento e na busca por uma solução para isso, que é outro tipo de compaixão, chamamos de "compaixão focada interiormente", ou renúncia.

Portanto, as motivações para o caminho da renúncia e para o caminho da compaixão realmente diferem apenas pelo fato de uma ser internamente focada e a outra ser externamente focada. Ambas são fundamentalmente iguais no modo pelo qual desejam libertar um ser ou seres do sofrimento e das causas dele. Quando esse desejo é aplicado ou focado nos outros, chamamos a isso de compaixão; quando é aplicado a nós mesmos, chamamos de renúncia.

Há três tipos de bodhisattvas: aqueles que realizam primeiramente seu próprio benefício, aqueles que realizam primeiramente o benefício dos outros e aqueles que realizam o benefício de ambos. Nesse contexto, é dito que o melhor tipo de bodhisattva é o que realiza o benefício de ambos. O segundo melhor é o que realiza o benefício dos outros, e o último é aquele que realiza benefício para si mesmo. Suponho que poderíamos dizer dos bodhisattvas que realizam o benefício para eles mesmos, referindo-se a iniciantes como nós: que tal pessoa, que está primeiramente envolvida em realizar seu próprio benefício, não é, de modo algum, um bodhisattva. No entanto, se olharmos isso em um contexto mais amplo, devemos reconhecer que, sem nos domarmos, não podemos domar os outros.

Mesmo que alguém esteja imerso no veículo do bodhisattva, deve começar domando a si mesmo, e essa é a principal preocupação do bodhisattva iniciante. Penso que essa classificação se refere a esse princípio. No começo, devemos simplesmente nos domar, o que significa que, tão importante quanto ser gentil com os outros, é igualmente importante começar sendo gentil conosco, reconhecendo que nós, como os outros seres, estamos imersos no oceano do samsara e devemos nos liberar dele.

Os bodhisattvas iniciantes que estão primeiramente preocupados com a realização de seu próprio benefício não estão fazendo isso porque, de alguma forma, rejeitaram beneficiar os outros. Eles estão fazendo isso porque reconhecem realisticamente que não podem, de imediato, em seu presente estado, realizar grande benefício para os outros, apesar de esta ser a sua aspiração. Eles, portanto, seguem o caminho buscando inicialmente seu próprio benefício e, então, o benefício para os outros, com grande diligência. Esse ponto é muito importante porque começamos sendo gentis conosco. Nascemos com excelentes corpos humanos. Com isso quero dizer, especialmente, que nascemos em uma espécie que tem a inteligência para fazer escolhas morais. Com esta oportunidade, é especialmente importante que não nos engajemos em outros esforços sem significado ou em trivialidades.

Devemos começar sendo gentis conosco e reconhecendo a presença dentro de nós de obscurecimentos incidentais, com os quais nascemos nesta vida. Especialmente no Século 21, estamos tão ocupados e tão distraídos por nossos estilos de vida e nossa atual tecnologia que parecemos ter chegado mais longe do que nunca do ponto de vermos nossa própria natureza. É como se, no nosso atual modo de vida, não tivéssemos tempo ou oportunidade para olhar para nossas próprias mentes. Nós buscamos muito, buscamos benefício externo, o uso da tecnologia externa e o luxo, e assim por diante. Nesse contexto, acho que é especialmente importante que comecemos sendo gentis conosco.

De fato, poderíamos dizer que é igualmente importante no longo prazo, para nosso próprio bem e o bem dos outros, que sejamos inicialmente gentis conosco. Mas, nesse contexto, devemos perguntar: "O que realmente nos fará bem? O que podemos fazer que realmente será de benefício para nós mesmos?". Certamente, é óbvio que ignorar, de modo insensível e egoísta, o bem-estar dos outros e tentar atingir nosso próprio bem-estar realmente não nos ajuda. De fato, nos prejudica. Temos que pensar profundamente a respeito disso e refletir com cuidado sobre o que é verdadeiramente benéfico para nós, porque pode não estar bem claro para nós. Podemos estar muito confusos e incertos sobre o que, na verdade, nos fará bem real e duradouro. Penso, portanto, que o ponto principal de sermos gentis conosco e termos compaixão por nós mesmos é esclarecer esse mistério.

Usualmente, começamos esse processo com os quatro pensamentos que direcionam a mente para o Dharma, comumente explicados como: 1) a contemplação da dificuldade de obter a liberdade e recursos desse precioso corpo humano; 2) a contemplação da morte e da impermanência; 3) a contemplação do carma; 4) a contemplação dos defeitos do samsara. No primeiro, a ideia fundamental é que esta situação na qual nascemos é única. É rara, somente disponível aqui neste mundo, apesar de eu particularmente não poder comentar como isso poderia entrar em conflito com ideias ocidentais sobre o Universo.

Em todo caso, a raiz dessas quatro contemplações é ganhar um entendimento prático e realista sobre si e sobre sua situação. Tendo feito isso, a pessoa começa, então, o cultivo assíduo do amor e da compaixão. Portanto, é importante começar com essas contemplações.

O objetivo último desse caminho é, claro, o benefício dos outros; a obtenção do benefício dos outros é o objetivo final de todos os bodhisattvas que praticam o Mahayana. Mesmo em sua aspiração de atingir a budeidade, a motivação deles para essa realização é sempre o benefício dos outros. Podemos dizer, de fato, que bodhisattvas não têm nenhum outro objetivo além de beneficiar os outros. Devido a isso, é dito que esses corajosos bodhisattvas estão felizes mesmo no samsara. Por quê? Porque sua única preocupação é ser de benefício para os outros, e eles podem atingir isso mais efetivamente permanecendo no samsara. Uma vez que permanecer no samsara traz a realização do único objetivo deles, estão felizes em fazer isso. Logo, é dito que, para tais corajosos bodhisattvas, o samsara pode ser um estado de felicidade e não de tristeza, de forma alguma. É por essa razão que muitos bodhisattvas renascem continuamente no samsara, porque, fazendo isso, encontram muitas oportunidades para beneficiar diretamente os seres. Mesmo que eles estejam efetivamente no samsara, estão felizes. Essa possibilidade de felicidade enquanto ainda no samsara vem da prática e do cultivo do amor, da compaixão e da bodhichitta. Logo, se nós praticarmos isso, poderemos atingir o estado de felicidade nesta vida e o estado de felicidade ainda no samsara.

Podemos perguntar por que os bodhisattvas estão tão preocupados em beneficiar os outros; por que eles buscam apenas a budeidade perfeita, onisciente, e buscam isso apenas para o benefício dos outros? Afinal de contas, é possível que consigam, sem bodhichitta e sem buscar a budeidade onisciente, simplesmente por meio da realização da vacuidade, atingir o nirvana, atingir a liberação do samsara, e se libertarem do sofrimento. Isso é bem possível. Por que eles não fazem isso? Quando atingem o nirvana individual por meio da realização da vacuidade, mas sem a geração da bodhichitta, ainda que, de fato, tenham atingido esse estado além do sofrimento, é apenas para si mesmos e, ao atingir isso, abandonaram quaisquer tentativas de ajudar ou resgatar todos os outros inumeráveis seres que permanecem se afogando no oceano do samsara. Do ponto de vista do Mahayana, do ponto de vista de um bodhisattva, isso é, para dizer o mínimo, inadequado. De acordo com o Mahayana, todos os seres, sem exceção, têm sido, no decorrer de tempos sem início, de imensurável gentileza para conosco. Com isso em mente, é óbvio que abandoná-los em um estado de potencial sofrimento sem fim é totalmente inadequado, ignóbil. Portanto, se queremos atingir um estado de liberação e nirvana que seja nobre, precisamos aceitar a responsabilidade pelo benefício dos outros.

A razão pela qual o benefício dos outros requer atingir a budeidade onisciente é que os seres são extremamente vastos em número e cada um dos seres é ligeiramente diferente de todos os outros em seus pensamentos individuais, seus desejos individuais, suas aparências individuais e assim por diante. Além do mais, seres existem por todo o espaço e são, portanto, incontáveis. Por exemplo, como dizemos hoje em dia, há bilhões e bilhões de galáxias Universo afora; da mesma forma, há números inconcebíveis de seres scientes.

Essa palavra, *inconcebível*, tem muitos usos práticos. Quando você tem que falar de números muito altos – e você realmente não sabe exatamente quantos –, é confortador dizer simplesmente: "Bem, o número é inconcebível". Para afetar e beneficiar todos os seres, uma pessoa precisa possuir sabedoria onisciente, que é realizada apenas por meio da budeidade, e que pode – porque ela literalmente conhece tudo – saber as necessidades exatas, disposições e personalidades de cada um dos seres a ser beneficiado. Apenas com essa sabedoria onisciente alguém pode satisfazer as aspirações e os desejos únicos de cada ser. Apenas com essa sabedoria onisciente é possível, conhecendo tudo, se engajar em uma atividade que seja literalmente tão vasta e abrangente por completo, como o espaço em si. Uma pessoa não pode fazer essas coisas sem conhecer tudo, e é por isso que os bodhisattvas buscam a budeidade.

De acordo com o Dharma do Buda, a mente é ilimitada; ela é imensurável. Você pode medir o cérebro, pode definir os limites dele, mas não pode, da mesma forma, medir ou definir os limites da mente. Além disso, nós definimos coisas como conhecimento, por exemplo, como sendo objetos da mente. Daí, a conexão entre esses dois é a seguinte: quando dizemos que alguém atingiu a realização, o que realmente queremos dizer é que a mente da pessoa chegou à realização da natureza de todas as coisas. No caso específico de um buda, um dos atributos da budeidade é que o modo como as coisas aparecem e o modo como as coisas são, ou sua verdadeira natureza, não são diferentes ou distintos um do outro. É dito que têm o mesmo gosto, ou o mesmo sabor.

Uma vez que a natureza de todas as coisas, que é o objeto de realização, é ao mesmo tempo a natureza da mente que a realiza, e uma vez que no estado de budeidade essa natureza não é diferente das formas na qual ela surge, a mente de um buda, portanto, é inseparável de – ou se fundiu com – todas as aparências. Outra forma de dizer isso é que todas as coisas se tornaram objetos diretos de conhecimento para um buda. Apesar de podermos ter problemas para entender ou mesmo para aceitar a ideia de onisciência quando pensamos nela como preenchendo tudo dentro de um cérebro humano, penso que, se a abordarmos de forma a entender a fusão da natureza das coisas e o modo da aparência das coisas, seremos capazes de compreendê-la melhor.

Ainda que possa ser auspicioso e prazeroso especular a respeito e discutir o significado da onisciência de um buda, é, ao mesmo tempo, bem difícil falar a respeito, uma vez que não a atingimos. Estamos no caminho ou temos a intenção de atingi-la. Desse modo, deveria surgir alguma indicação de movimento na direção correta a essa realização. Essa poderia ser a habilidade para compreender coisas sutis, como o entendimento empático do pensamento e das aspirações de outros seres, e assim por diante, o que, suponho, podemos dizer que é análogo ao entendimento de coisas sutis que a ciência moderna nos traz hoje em dia. Ao mesmo tempo, um mero entendimento dessas coisas sem o conhecimento de como implementá-las para o benefício dos outros não poderia realmente ser um sinal autêntico do caminho. Acho que é importante que pensemos muito cuidadosamente sobre isso e entendamos que, essencialmente, o caminho consiste no cultivo do amor, da compaixão e da bodhichitta. Ser inseparável disso é o mais autêntico sinal de possuir essas aspirações.

Há muitas coisas a serem conhecidas ou a encontrar, no mundo – preocupações atuais com a situação do meio ambiente, a existência de várias epidemias que atingem a humanidade, a presença da fome e de outras condições adversas. Há muito disso. Simplesmente saber sobre essas coisas e não fazer nada a respeito não é suficiente. Poderíamos ouvir a respeito de algo e dizer: "Tal e tal coisa aconteceu; que infelicidade" e, então, deixar assim, como mero conhecimento. Isso não é suficiente. Temos que realmente agir.

Nesse mundo, por exemplo, há muitas tradições espirituais diferentes. Mesmo no budismo, há muitos sistemas, linhagens e escolas diferentes. Penso que o principal tema de todas as tradições é trazer um reconhecimento da realidade autêntica, nos tornar mais e mais próximos de um conhecimento direto de como as coisas realmente são, remover a escuridão de nossa ignorância e nos aproximar mais uns dos outros, conferir maior empatia e um maior entendimento uns aos outros. Contudo, embora esse seja o objetivo essencial de todas as tradições e deva, portanto, ser o objetivo de qualquer tradição que pratiquemos, somos frequentemente incapazes de implementar a intenção e o comportamento autênticos descritos em nossa tradição.

Podemos, de fato, ter grande fé em nossa própria tradição, mas, às vezes, essa fé pode se tornar distorcida. Pode se tornar muito estreitamente focada em nossa tradição particular, de forma que nossa fé excessivamente estreita em nossa própria tradição nos faz denegrir outras tradições. Isso leva a circunstâncias desafiadoras, disputas e conflitos reais entre religiões e entre sistemas dentro de tradições religiosas.

Apesar do fato de que isso deveria ser óbvio, podemos continuar a agir de certa forma, de modo que aprofundemos esses tipos de conflito e disputa. Fazemos isso, de novo, não porque é a intenção de nossa tradição verdadeira, mas porque nos tornamos obscurecidos pela estreiteza de nossa própria fé e por nosso sectarismo resultante. O ponto da espiritualidade é nos unir, não nos separar, nos trazer para perto no entendimento e no conhecimento, unidos, mútuos. Portanto, penso que é importante que tenhamos fé com os olhos bem abertos e não fé com os olhos apertados, fechados. Apenas ser budista não garante que você terá grande amor e compaixão. Apenas conhecer as palavras *amor* e *compaixão* não é suficiente.

Retornando à ideia de bondade por alguém como um aspecto da compaixão, uma coisa sobre isso é que, se alguém tenta cultivar compaixão pelos outros, amor pelos outros, sem ter compaixão e amor por si mesmo, essa pessoa não terá base dentro de si para esse cultivo. É um pouco como tentar doar ou dar dinheiro para os outros quando você não tem dinheiro para dar. Para poder doar, primeiro você tem que adquirir o que deseja doar. Da mesma forma, para ser capaz de cultivar compaixão genuína pelos outros, devemos começar cultivando compaixão por nós mesmos.

Quando usamos a palavra *compaixão,* frequentemente pensamos que ela se refere exclusivamente à compaixão pelos outros, mas, de fato, não é necessariamente esse o caso. Nesse contexto, definimos compaixão como "o desejo de liberar todos os seres no samsara". Agora, se não fôssemos seres imersos no samsara, não haveria necessidade de nos incluirmos nessa compaixão; estaria bem apenas ter compaixão pelos outros. Uma vez que ainda estamos dentro do samsara, qualificamo-nos como objeto de nossa própria compaixão, tanto quanto os outros. Portanto, penso que temos a responsabilidade tanto de cuidar dos outros quanto de nós mesmos. Se aceitarmos essa responsabilidade dual, tanto no nosso pensamento quanto em nossas ações, realizaremos isso. O que inclui o fato de que, se nós cultivarmos bondade e amor por nós mesmos, seremos, assim, capazes de ter até mesmo mais amor pelos outros.

PERGUNTAS E RESPOSTAS

ALUNO – O senhor tem falado a respeito da importância do amor/bondade por si mesmo, juntamente com a manifestação de amor/bondade e compaixão pelos outros. Na prática diária real, o senhor diria que já temos um grande apego por nós mesmos, mais do que pelos outros, e há um risco de que, praticando o amor/bondade por nós mesmos, podemos nos tornar autoindulgentes? Muitos de nós já tendemos a ser autoindulgentes. A que práticas e técnicas precisamos estar atentos? Qual é a linha divisória entre autoindulgência e amor/bondade por si próprio?

KARMAPA – A bondade por si sobre a qual estava falando é bem diferente da autofixação do egoísmo. Por exemplo, o Buda disse: "Eu mostrei a vocês o caminho para a liberação, mas saibam que a realização depende de vocês". Em outras palavras, precisamos ser responsáveis pela realização da liberação por meio de nossos esforços. É sobre assumir a responsabilidade pela própria liberação que estou me referindo como bondade para consigo mesmo. O que normalmente queremos dizer com autovalorização inclui em si o abandono implícito do bem-estar dos outros e a rejeição de qualquer esforço para contribuir para o bem-estar dos outros. Portanto, é muito diferente do que quero dizer com bondade para consigo mesmo. Se rejeitarmos a ideia de bondade para si de uma vez por todas, então, estamos dizendo que é aceitável pensar: "Está bem se estou infeliz, está bem se estou atormentado pelos kleshas; não deveria fazer nada sobre isso". Certamente, isso está indo longe demais. O que chamo de bondade para consigo é o empenho em ajudar ou beneficiar alguém de forma que esse alguém seja capaz de beneficiar outros também.

O problema é que estamos erroneamente mantendo nós e os outros independentes uns dos outros. Especificamente, acreditamos que nosso bem-estar é essencialmente independente do bem-estar dos outros. Baseados nisso, decidimos que apenas o "meu bem-estar" é importante e o "bem-estar dos outros" é insignificante. Pensamos que somos independentes dos outros, mas, de fato, nunca podemos realmente existir em absoluta independência dos outros. Nossa existência está sempre baseada e é dependente de nosso relacionamento para e com a existência de outros. É por meio da existência de outros que somos capazes de existir. Por exemplo, sem aquelas coisas que produzem o ar que respiramos não haveria ar e não poderíamos respirá-lo. Dessa forma, sempre dependemos dos outros e de tudo ao redor de nós; portanto, nosso bem-estar depende do bem-estar deles também.

Se você for a um restaurante para ter uma boa refeição, dependerá de o restaurante estar aberto. Se o restaurante estiver fechado devido a uma perda nos negócios, isso afeta sua habilidade de comer a suposta boa refeição. Dessa forma, não existe absoluta independência. Mesmo coisas às quais nos apegamos, como nossa reputação e nossa potencial fama, são dependentes dos outros, porque estão nas mentes e nas vozes dos outros aquilo em que consiste a nossa reputação. Por exemplo, as pessoas me chamam de "Sua Santidade" e outras coisas assim, e tenho tal reputação ou fama. Isso é inteiramente dependente dos outros. Nosso erro é pensar que somos independentes dos outros e que apenas nós importamos e os outros, não.

Por exemplo, se eu fosse para um lugar inteiramente desabitado, não haveria ninguém para se referir a mim como Sua Santidade. Desse jeito, meu título e minha reputação são totalmente dependentes dos outros. Um exemplo das dificuldades práticas que esse tipo de pensamento equivocado pode causar é a crise econômica global, que é fundamentalmente provocada por pessoas pensando: "Quero ser rico. Não importa se todos os outros sejam pobres, desde que eu seja rico". Esse tipo de pensamento produz essa crise econômica global. Para assegurar nosso próprio bem-estar, precisamos nos preocupar com o bem-estar de todos os seres que nos cercam e de todas as coisas vivas, porque dependemos delas e não podemos, realmente, separar nosso bem-estar do bem-estar delas. Desse ponto de vista, como indivíduos, nossa necessidade pelo bem-estar dos outros se iguala à nossa necessidade pelo nosso bem-estar pessoal.

ALUNO – Não entendo o motivo pelo qual fazemos a distinção entre buda e bodhisattva, pois ambos têm as mesmas aspirações. O senhor poderia, por favor, explicar?

KARMAPA – Você está dizendo corretamente que tanto os bodhisattvas quanto os budas têm tremenda compaixão e tremenda sabedoria. O termo *bodhisattva* refere-se ao ser que tem a intenção corajosa de atingir o grande despertar da budeidade. Essa intenção corajosa que define esses seres tem dois aspectos: compaixão, que é focada em todos os seres; e sabedoria, que é focada em perfeito despertar. Em um sentido geral, budas e bodhisattvas são similares pelo fato de ambos terem essa tremenda compaixão e essa tremenda sabedoria. Bodhisattvas podem, de fato, beneficiar seres tremendamente, mas não podem beneficiar seres infinitamente, da forma que os budas podem. Os budas beneficiam os seres sem limitações, sem número e sem esforço porque possuem a sabedoria onisciente sobre a qual falei antes. Podemos dizer que bodhisattvas são como alunos e budas são como graduados.

Diz-se que apenas os budas oniscientes conhecem todas as sutilezas de todo e qualquer carma do ser. Independentemente do fato de que, de nossa perspectiva, o que os bodhisattvas podem atingir é tremendo, sem conhecer essas coisas de uma maneira onisciente, a realização de beneficiar os seres não é tão efetiva como a de um buda.

ALUNO – O senhor disse que um buda praticando nesse momento precisa de onisciência para entender as necessidades específicas de cada ser senciente. Sua Santidade define onisciência como a união da natureza e da aparência, significando superação da distinção da natureza da realidade e a forma como a realidade surge? Sua Santidade também mencionou que a realização da interdependência tem um papel no fato de se querer ajudar os outros. O senhor pode conectar mais especificamente o superar da distinção entre natureza, mera aparência e a realização experiencial da interdependência, e esses três fatores levando ao entendimento das necessidades de todos os seres? Obrigado.

KARMAPA – Sobre a relação entre o único sabor de como as coisas aparecem e como elas são – ou aparências e sua natureza; e interdependência –, essencialmente podemos dizer que o aspecto da aparência é a interdependência infalível das aparências, e a natureza daquelas aparências é vacuidade além de um conceito. Isso é também o que, às vezes, é chamado de unidade de aparências e vacuidade – aparências sendo interdependentes, e interdependência e vacuidade em sua natureza estando além da conceituação.

No entanto, embora possamos distinguir essas coisas como isoladas ao falar delas, não são entendidas como sendo duas coisas diferentes, apesar de soarem como duas coisas diferentes quando você fala delas. Como assim, elas não são duas coisas diferentes? Considere um vaso. Você tem a ideia ou o conceito "vaso", mas, quando analisa um vaso, você não o encontra. Você não encontrará nada e pode concluir disso que o vaso é mera atribuição. Devido a isso, é dito que, o que quer que seja vazio é possível, porque a possibilidade da aparência depende da vacuidade. Nesse sentido, podemos realmente pensar na vacuidade como a possibilidade. Para lhe dar uma analogia, nesse sentido, vacuidade é um pouco como o zero. Devido ao zero, podemos ter um e dois e três e assim por diante. Mas não podemos ter nenhum outro número sem o zero. Temos de começar com o zero. E, nesse sentido, vacuidade é possibilidade.

Se as coisas não fossem vazias, suas aparências interdependentes seriam impossíveis. Logo, podemos determinar que o modo da aparência das coisas é interdependente porque ele não é fixo. Por exemplo, algo que é venenoso para uma pessoa pode ser medicinal para outra. Se a qualidade venenosa daquela comida fosse inerente, o que aconteceria é que seria venenosa para todo mundo, sem diferença.

A ideia da relatividade na originação ou derivação das aparências inclui a relatividade de todas as atribuições que designamos baseadas nas aparências, tais como longo ou curto. O conceito ou atribuição curto é obviamente dependente do conceito ou atribuição longo, e vice-versa. Dessa maneira, as coisas são relativas. De fato, o mero surgimento das aparências depende dessa relatividade. Uma vez que as aparências são relativas e dependem da relatividade, elas são vazias porque não têm existência inerente ou independente.

Essa é a forma pela qual desenvolvemos um entendimento conceitual disso, mas, para um buda, isto é um objeto de realização direta e simultânea – por simultânea quero dizer que ele conhece tudo de uma vez em todos os momentos.

Desenvolvendo amor e compaixão

Em sua promessa de compor o renomado texto *Madhyamakavatara*, o glorioso Chandrakirti começa dizendo: "Uma vez que o amor é o que amadurece as sementes inatas em excelentes colheitas de budeidade, primeiro presto homenagem à compaixão antes de escrever isto". Ele está dizendo que, no início, é o amor que – por meio de seu desenvolvimento e grande compaixão – forma aquilo que causa a capacidade para o despertar amadurecer no fruto final, como colheitas que se desenvolvem a partir de uma semente até o estado de budeidade. Portanto, ele e, por extensão, cada um de nós, prestamos homenagem à compaixão.

Assim, é evidente que grande compaixão é de grande importância para os bodhisattvas no início do caminho, durante todo o caminho e no culminar do caminho. Mesmo depois da budeidade, a grande compaixão é a causa principal ou o agente no surgimento dos dois *rupakaya*[2] da expansão do *dharmakaya*[3]. Quer dizer que isso acontece por meio da condição das aspirações previamente feitas por aquele Buda como um bodhisattva no caminho. E é principalmente por meio dos dois *rupakayas* que budas beneficiam seres. Então, podemos dizer que mesmo o benefício dos seres por budas é impelido por grande compaixão.

Agora, vou falar um pouco sobre como podemos treinar nossas mentes em compaixão e como podemos incrementá-la. Podemos traduzir literalmente o termo *compaixão* (em tibetano, *nying je*) como "coração nobre". Apesar de a palavra *nying* poder se referir ao coração como um órgão físico, como quando falamos sobre cirurgia do coração, neste caso não se refere ao órgão de carne e sangue, mas à mente ou espírito. "Nobre", aqui, se refere ao mais nobre estado da mente, o melhor estado da mente – por exemplo, os onze *samskaras* virtuosos, e assim por diante. O supremo entre todos, o melhor estado da mente, é o que chamamos de compaixão ou coração nobre. E penso que você pode ver

---

2 Nota do editor: corpo de forma ou rupakaya (Sânsc.) refere-se aos dois corpos de forma ou dimensões: sambhogakaya, a dimensão de deleite, e nirmanakaya, a dimensão de manifestação que, aqui, refere-se a surgir ou nascer em uma forma física

3 Dharmakaya: o dharmakaya é a realização perfeita da natureza da mente e repleto de qualidades iluminadas; ele é não conceitual e é sinônimo de vacuidade ou onisciência.

isso como a origem da expressão tibetana *nying je* para compaixão.

Outra coisa a dizer sobre compaixão é que ela é como a raiz da virtude. Encontramos referência a isso em expressões como "com a raiz estável da compaixão" ou "baseado na raiz estável da compaixão". Penso que a referência da compaixão como uma raiz tem relação com o seguinte.

Muito de nosso trabalho se baseia no uso de nosso cérebro, quero dizer, na nossa inteligência. Mas compaixão é algo que surge ou está presente em um nível muito mais profundo da mente, tanto quanto as raízes de uma árvore – diferentemente de seus galhos – estão presentes dentro e sob o chão. Se as raízes são fracas ou instáveis, a árvore inteira também será fraca; da mesma forma, compaixão forte é necessária como uma raiz forte dentro da mente, como as raízes subterrâneas de uma árvore. Dizer que compaixão está profundamente dentro de nossa mente significa dizer que é algo intensamente sentido, que traz sentimento consigo.

É pelo fato de as raízes de uma árvore desempenharem funções próprias que todas as qualidades e atributos que associamos com a árvore aparecem. As funções das raízes de uma árvore são segurar a árvore no solo, manter o lugar da árvore no chão e atrair água do solo para nutri-la.

Desenvolvendo amor e compaixão

Da mesma forma, é a compaixão que protege toda a virtude que desenvolvemos em nossas mentes, que faz com que as qualidades ou atributos de nossa mente sejam desimpedidos, e que nos capacita a crescer ou a desenvolver virtude. Assim como, por meio das raízes de uma árvore puxando água do solo a árvore se torna capacitada a beneficiar outros produzindo oxigênio, e assim por diante, da mesma forma, as raízes da compaixão dentro de nossa mente nos dão a força e a estabilidade necessárias para desenvolvermos os atributos com os quais vamos beneficiar também os outros.

Desse jeito, podemos dizer que amor e compaixão são como sementes dentro de nós, e, como a semente de uma árvore, necessitam de nutrição para poder se desenvolver. Nós desenvolvemos as sementes do amor e da compaixão por meio da paciência, da diligência e da ação compassiva.

Hoje em dia, temos tantas maneiras de nos matarmos, por bombas e outros tipos de artigos explosivos. Considerando isso, um dia, tive o pensamento: "Não seria bom se alguém inventasse uma bomba de compaixão?". Em vez de uma bomba convencional, que em um instante mataria muitas pessoas e as transformaria de vivas em mortas, não seria bom se alguém pudesse inventar uma bomba de compaixão que pudesse, de alguma forma, ser lançada entre a multidão, ou grande grupo de pessoas infelizes, e, em um momento, fazê-las rir, felizes, compassivas e cuidadosas? Bem, em certo sentido, você poderia dizer que isso é algo como um sonho infantil. Infelizmente, não podemos simplesmente lançar compaixão nos outros, como uma bomba.

Apesar de as bombas matarem pessoas de repente, sem aviso e sem preparação para a morte, o amor e a compaixão não podem simplesmente ser lançados nas pessoas. Elas têm de escolher cultivá-los. Tendo feito esta escolha – desenvolver amor e compaixão –, a liberdade surge por passar pelo processo de cultivá-los. Podemos fazer coisas más aos outros, incluindo destruí-los, sem eles terem feito essa escolha, e podemos fazer coisas más bem facilmente, em um instante, motivados pelos kleshas. Mas as pessoas apenas podem desenvolver amor e compaixão se escolherem individualmente fazê-lo.

Sob certo ponto de vista, às vezes parece que é mais fácil desenvolver negatividade e mais difícil desenvolver compaixão, mas, de fato, o desenvolvimento da compaixão – e se isso é difícil ou não – depende de nossa escolha em fazê-lo. Apesar de, em certos momentos e sob certos pontos de vista, parecer que a compaixão é menos poderosa que os kleshas, acho que depende primariamente de nossa escolha. Portanto, penso ser muito importante que façamos as escolhas certas. Por exemplo, plantar árvores para salvar o meio ambiente e salvar a atmosfera deste planeta é uma escolha ativa. Podemos ter uma atitude passiva, esperando pelo vento para carregar sementes para o solo até elas se transformarem em árvores, mas provavelmente ficaríamos sem oxigênio antes que isso viesse a acontecer.

O desenvolvimento do amor e da compaixão é como o processo de nutrir uma semente e fazê-la crescer. Contudo, essa semente – a do amor e da compaixão – não é uma semente que compramos em uma loja. No entanto, enquanto penso isso, hoje em dia, no Japão, parece ser possível alugar amigos. Para pessoas que são solitárias e não têm amigos, há um local onde você pode alugar um amigo por alguns dias. Então, você se sente menos solitário e os devolve à empresa assim que estiver alegre. Desse ponto de vista, talvez possamos realmente alugar as sementes do amor e da compaixão; contudo, de fato, essas sementes são inatas dentro de nós, não temos necessidade de comprá-las ou alugá-las.

Mesmo pessoas que fazem as coisas mais repreensíveis, viciosas e más ainda têm dentro de si a semente inata da compaixão. A prova disso é que, mesmo uma pessoa que faz as piores coisas, quando é seriamente ameaçada, tem uma atitude de gentileza em relação a si própria – o que pode se manifestar simplesmente como o instinto de se proteger. Isso é evidência de que ela tem a semente que pode ser nutrida e se tornar verdadeira compaixão. Agora, vou contar a vocês uma história. Já contei antes, então, alguns podem conhecê-la, mas vou contar novamente, de qualquer forma.

De algumas das coisas que aconteceram quando eu era muito jovem, uns quatro ou cinco anos, eu lembro muito claramente; de outras, não. Tenho uma lembrança muito clara de como me senti quando vi a iminente matança de animais em frente à porta de nossa casa. Quando vi os animais amarrados e preparados para o abate, realmente senti que queria libertá-los das amarras. Estava com medo de fazê-lo porque, como uma criança de quatro ou cinco, pensava que seria pisoteado ou ferido por eles. Eu lembro claramente de ser incapaz, naquela idade, de suportar ou tolerar a perspectiva da morte iminente daqueles animais.

Naquela idade, eu não sabia nada, teoricamente, sobre amor e compaixão. Provavelmente, nunca tinha ouvido falar em bodisattvas ou bodhichitta. No entanto, como uma criancinha, tinha um sentimento inato e genuíno de compaixão por aqueles animais. Desde aquela idade aprendi muito sobre compaixão e recebi uma grande quantidade de instruções sobre isso de muitos mestres eminentes. Aprendi a dizer: "Sinto compaixão por todos os seres em todo o espaço", mas, apesar de todo esse treinamento, tenho que dizer honestamente que não desenvolvi qualquer compaixão que possa se comparar, sem dizer exceder, àquela compaixão não fabricada, genuína e de coração que lembro ter sentido quando criança. De fato, diria que nada que eu tenha desenvolvido por meio de treinamento subsequente vale um centésimo disso. E sinto, portanto, que temos que basear nosso cultivo de compaixão na nossa compaixão natural, inata e intensamente sentida. Todos nós temos ou nos lembramos de curtos períodos em que, sob qualquer circunstância, já sentimos isso. Precisamos juntar e fazer disso a base de nosso cultivo da compaixão.

A compaixão que surge dentro de nossas mentes é como uma semente que está presente dentro dela. Como qualquer semente, tem que ser nutrida. No caso da compaixão, nós a nutrimos de várias maneiras. Uma é refletir sobre ela, dirigir nossas mentes para ela. Outra é ter alegria na compaixão. Uma semente física necessita de muitas coisas – solo, água e sol –, e isso não só precisa ser fornecido, mas fornecido da forma correta. Por exemplo, quando você rega uma semente, você não pode simplesmente derramar um galão de água de uma vez só. Você tem de regá-la gentilmente, daí leva mais tempo e exige mais esforço. Do mesmo modo, ao cuidar da semente da compaixão dentro de nós, precisamos ser pacientes e persistentes. Se não cuidarmos adequadamente da semente da compaixão, a semente irá ou não amadurecer, ou amadurecerá de um modo não saudável.

A princípio, paciência é muito importante. Normalmente, o modo como nos relacionamos com a paciência é que, algumas vezes, podemos ser pacientes e, outras vezes, não. O tipo de paciência que precisamos cultivar é a paciência persistente, o que significa que somos pacientes quando podemos ser e também somos quando sentimos que não podemos ser. Se isso faltar, então não teremos como superar nossos kleshas, porque a paciência é o oposto e também é o remédio tanto para a raiva quanto para o ódio.

A paciência pode ser especialmente difícil para pessoas no Século 21, porque, em geral, planejamos muito, e em muitos detalhes, o que acaba proporcionando insatisfação e conflito. Tendemos a fazer esquemas extremamente detalhados do que esperamos ou desejamos que aconteça. Logo que nosso esquema se rompe – algo que esperávamos que acontecesse não acontece ou algo que não esperávamos acontecer acontece –, nos tornamos desnecessariamente emocionais e desnecessariamente preocupados. Podemos ter dor de cabeça. Isso não acontece tanto com tibetanos porque, quando tibetanos estão engajados em trabalho, tendemos a simplesmente fazer qualquer coisa que estejamos fazendo no momento e não nos preocupamos com o que faremos após aquilo. O trabalho ainda é feito, mesmo que não planejemos tanto. Desse ponto de vista, talvez o cultivo consciente da paciência seja especialmente importante para nós no Século 21.

No *Bodhicharyavatara*, Shantideva escreve: "Não há razão para se aborrecer com o que você pode mudar; simplesmente mude. E não há utilidade em se aborrecer com o que você não pode mudar, uma vez que não há nada que você possa fazer sobre isso". É importante para nós termos esse tipo de perspectiva ao lidar com coisas que estão fora de controle. Embora seja obviamente importante para nós fazermos nosso melhor para cumprir nossas responsabilidades, é impossível controlarmos totalmente as circunstâncias e é impossível que as coisas funcionem cem por cento.

Quando estamos trabalhando, estamos fazendo seja o que for, fundamentalmente, para realizar nosso próprio bem-estar e nossa própria felicidade. No entanto, enquanto trabalhamos, às vezes esperamos por algum tipo de benefício futuro e, portanto, nos sujeitamos a uma tremenda pressão e muito sofrimento no processo de trabalho. Isso é irônico. Vem de nossa perda de visão da razão pela qual estamos trabalhando, o motivo pelo qual estamos fazendo o que quer que seja que estejamos fazendo, aceitando que o fazemos fundamentalmente para nós mesmos e, portanto, é nossa escolha e responsabilidade fazê-lo.

Em contraste, o tipo de paciência da qual estou falando consiste essencialmente em ver o que está errado com os kleshas e, ao ver isso totalmente, ter a tolerância de não sermos indulgentes com eles. Isso é um pouco diferente de nossa experiência comum de ver que há algo errado com os kleshas, mas ainda sermos indulgentes com eles quando quer que condições adversas – aquelas condições que excitam ou promovem os kleshas – surjam.

Não é isso que estamos pretendendo aqui. O que pretendemos é a paciência com os kleshas que vem de não apenas ver que os kleshas têm algo errado, mas ver que eles têm tudo errado e que são massas de defeitos e falhas.

Quando digo: "Eles são amontoados de defeitos", significa que entendo que os kleshas ou as emoções perturbadoras são completamente defeituosos, completamente apodrecidos – não quero dizer "ruim", mas semelhantes a ruim –, ou seja, que não há parte deles que tenha valor. Uma analogia para isso, e como essa análise dá a você a habilidade de não ser indulgente com os kleshas, mesmo em situações adversas, é: alguém lhe pede algo que você não tem interesse algum em fazer. Você não teria que pensar a respeito: "Quero fazer isso ou não?". Você imediatamente seria capaz de dizer claramente à pessoa: "Não quero fazer isso que você pediu". E esse é o jeito como você responde aos kleshas, quando observa corretamente sua natureza defeituosa – que são naturalmente falhos.

No entanto, de início, esse tipo de tolerância com os kleshas não surge espontaneamente dentro de nós. É algo que temos que desenvolver por meio de esforço consciente. Pode ser melhor considerar o esforço e o processo de cultivo dessa tolerância como um jogo, em vez de uma prática ou treinamento. Se nós estamos para fazer algo, e alguém nos diz: "Ok, agora vamos estudar", a coisa toda se torna um pouco depressiva. Nós nos de-

Desenvolvendo amor e compaixão

primimos com a palavra "estudar". Mas se alguém diz: "Ok, o estudo acabou agora. Vamos jogar um jogo", então o conceito "jogo" nos anima e nos deixa entusiasmados, mesmo que o jogo seja uma questão de aprender como o suposto estudo se dava. Logo, do mesmo modo, penso que é melhor que evitemos o conceito de prática, aqui, e pensemos na abordagem que temos para desenvolver tolerância com os kleshas como um tipo de jogo. Então, seremos capazes de colocar entusiasticamente uma grande quantidade de esforço nele, se pensarmos nisso como um jogo e não como um processo de estudo, treinamento ou prática.

Apesar de ser um pouco piada, há instruções como essa. Por exemplo, há pessoas que precisam dormir muito. Uma instrução que pode ser dada a elas é: "Durma tanto quanto possível. Durma por dois ou três dias direto, se puder. Então, quando você não puder dormir mais, diga a si mesmo: 'Ok, chega de dormir' e, então, continue jogando. Veja quem ganha – você ou o sono. E tente competir com o sono ou a necessidade de adormecer". O propósito disso é fazer do processo de treinamento um jogo, em vez de uma tarefa. Por exemplo, algumas pessoas podem descansar suas mentes naturalmente com facilidade, mas, se você disser a elas: "Ok, medite agora", imediatamente perdem a habilidade de fazê-lo e a mente delas é atormentada por um constante fluxo de pensamentos perturbadores. O problema aqui é que o conceito de meditação e o de ter que meditar as faz se tornarem muito sérias. No cultivo da virtude, precisamos ter cuidado com nossa tendência de nos tornarmos muito sérios, porque, se nos tornamos muito sérios, nossos kleshas se tornarão ainda mais sérios.

Para concluir, paciência é importante para desenvolver, mas não deveria ser um tipo de paciência forçada, e sim a paciência que surge de um entusiasmo natural. Se cultivarmos esse tipo de paciência entusiástica por um período prolongado, ela pode e se tornará bem estável. Acho que devemos parar agora e abrir para perguntas.

PERGUNTAS E RESPOSTAS

ALUNO – Poderia falar sobre a mente de buda fundida com aparências?

KARMAPA – Para seres comuns, aparenta ser ou parece ter uma grande diferença entre como as coisas realmente são e como são na aparência: entre coisas e sua natureza. Quando uma coisa surge, quando ela se apresenta, sua natureza deve estar presente simultaneamente. No entanto, para seres comuns, quando nos focamos em algo, tendemos a isolá-lo de sua natureza, e, quando focamos na natureza de algo, tendemos a isolar isso dos atributos da coisa em si. Para um buda, a natureza das coisas e a aparência das coisas são inseparáveis. Há vários modos de explicar isso, mas, provavelmente,

Desenvolvendo amor e compaixão

o mais fácil é com referência ao Mantra Secreto, então explicarei brevemente dessa forma.

O conceito-chave para entender o jeito como vou explicar isso é a não dualidade da mente e do prana, especialmente a não dualidade do que é chamado a mente muito sutil, ou extremamente sutil, e o prana extremamente sutil. Na verdade, a mente muito sutil em si e o prana extremamente sutil não são duas coisas diferentes. Dualidade e aparências da dualidade vêm de nossa falha em reconhecer isso. Por exemplo, quando o prana extremamente sutil é agitado pelos ventos cármicos, ou pranas cármicos, isso é o que faz surgir as aparências grosseiras, que tomamos erroneamente como "outro". Fundamentalmente, isso vem da ausência de reconhecimento da natureza não dual.

Budistas acreditam que a consciência em uma dada vida é a causa da consciência que se sucede na próxima. O modo como isso acontece é que na morte – durante o processo de morrer e no momento da morte –, primeiro os pranas grosseiros e, então, os pranas sutis, ou ventos, se retraem até que o único prana funcionando seja apenas o prana muito sutil, que é da natureza dos raios de luz. Nesse ponto, na culminação do intervalo ou bardo da morte, esse prana muito sutil, que é inseparável da mente muito sutil em si, se manifesta para cada ser quando ele morre. Contudo, não será reconhecido, a menos que tenha sido apontado para a pessoa por um guru e o reconhecimento cultivado por meio de familiarização subsequente. Em qualquer caso, se o prana muito sutil e a mente que o identifica são reconhecidos como não sendo uma dualidade, então isso traz liberação. Por outro lado, quando falhamos em reconhecer o prana muito sutil como nada mais que nós mesmos, nada mais que a mente que o experiencia, e o tomamos erroneamente como outra coisa, isso causa o surgimento dos pranas cármicos – primeiro os sutis e, então, os grosseiros –, que causam o gradual ressurgimento ou redesenvolvimento das aparências grosseiras e a tomada de outro renascimento.

Um buda realizou a não dualidade do prana muito sutil e a mente muito sutil em si. Portanto, uma vez que a realização em um buda é estável, independentemente da variedade de aparências grosseiras que surgem, o buda nunca vai confundi-las como "outra".

ALUNO – O senhor ensinou sobre os kleshas, as emoções perturbadoras, como algo que devemos ver como defeituosos e negativos. Uma vez que eles são parte da experiência humana do samsara, não há um jeito de transformá-los em sabedoria, em qualidades iluminadas, vendo-os como vazios por natureza ou mudá-los? Ou temos que nos afastar deles?

KARMAPA – Há definitivamente ensinamentos para transformar kleshas no caminho e para trazê-los para o

Desenvolvendo amor e compaixão

caminho. São ensinados principalmente nas disciplinas do Mantra Secreto ou Vajrayana. Quando o Buda ensinou aos shravakas e aos pratyekabuddhas, ele explicou que, embora haja 84 mil tipos de kleshas, todos são fundamentalmente encontrados dentro do que chamamos de os três venenos ou três kleshas-raiz. Especialmente nesse contexto, ele enfatizou a superação do klesha do desejo. Enfatizando os defeitos do desejo, o Buda ensinou os antídotos, tais como a meditação sobre o desagradável, a manutenção de muitas regras monásticas e a rejeição aberta a todos os desejos.

Ao ensinar praticando o veículo dos bodhisattvas, o Buda afirmou que os bodhisattvas que são genuinamente motivados por grande compaixão pelos outros não serão perturbados pelo desejo e, portanto, não precisam focar tanto nele como algo a ser rejeitado ou remediado. A prática de um bodhisattva é principalmente amor e compaixão, preocupação altruística e a preocupação com o benefício dos outros. Quando o desejo surge, não é verdadeiramente independente e dominante e, portanto, o bodhisattva pode trazê-lo para o caminho.

Ao ensinar o Vajrayana, o Buda ensinou como mesmo a raiva pode ser trazida para o caminho, o que quer dizer que, quando alguém está totalmente motivado por compaixão imensurável, a raiva é suplantada pelo poder de sua compaixão e não precisa ser manejada separadamente. No Mantra Secreto, o klesha que é focado é a estupidez ou confusão. Os antídotos ensinados no Mantra Secreto são as aplicações de vários aspectos de sabedoria, tais como os cinco aspectos das sabedorias que servem para vencer ou remediar a confusão.

Você mencionou que esses três venenos são, em alguma medida, parte de nossa natureza no presente. Fundamentalmente, queremos coisas e nos ressentimos de qualquer coisa que obstrua a obtenção do que queremos. Em um estado de confusão, confundimos o sofrimento do samsara com felicidade e confundimos estados imperfeitos e instáveis de prazer com estados estáveis e perfeitos.

Por exemplo, todos ficamos com raiva, mas pense em alguém que fica extremamente raivoso no mais profundo de seu ser. Quando ele fica raivoso, não está presente em sua mente cônscia nenhum amor ou amor/bondade por ninguém. Não estou dizendo que a disposição inerente em relação ao amor/bondade não esteja presente naquela pessoa; está, mas dormente. Não está manifesta. Você não pode realmente estar em um estado de completa raiva e simultaneamente ter um pensamento de amor/bondade surgindo de você. Para alguém que está com raiva, é muito, muito útil simplesmente rejeitar a raiva cem por cento, porque isso vai capacitá-lo a não cair sob seu poder. Se ele tenta fazer uma distinção sutil entre os tipos de raiva ou aspectos da raiva que valem a pena e aqueles que não valem, isso pode se tornar a base para seu ressurgimento. A mesma coisa é verdade para os outros kleshas, tais como desejo e confusão.

Se alguém consegue fazer a distinção entre aspectos que valem a pena ou aspectos desses kleshas que podem ser trabalhados e aqueles que são fundamentalmente não trabalháveis, está bem. Se não pudermos fazer tal distinção sutil, é certamente melhor rejeitar o klesha em definitivo, em vez de cair sob seu poder.

ALUNO – Apenas quero esclarecer se entendi o que o senhor disse hoje e se a conclusão à qual cheguei está correta. O senhor falou sobre a inter-relação e a interdependência de tudo. Falou sobre querer ajudar os outros, mas não ser realmente capaz de fazê-lo. Depois, falou sobre a não dualidade da mente sutil e a energia sutil. A aparência e o objeto, a qualidade e o objeto vêm juntos; eles são na verdade um e inseparáveis. Isso quer dizer que apenas por se ter a intenção de ajudar os outros já se está realmente ajudando?

KARMAPA – Em relação à intenção de beneficiar os outros e à ação real de beneficiar os outros: na verdade, mesmo que as coisas não sejam diferentes umas das outras, não é assim que as experienciamos. Em geral, a natureza das aparências que experienciamos são ilusórias, como ilusões mágicas, mas não as experienciamos dessa forma. Elas parecem reais para nós. Mas a não dualidade ou único sabor de como as coisas surgem e de como elas realmente são, são o mesmo somente para um buda. Elas não são a mesma para nós. As coisas não surgem para nós de acordo com o que realmente são. Se assim fosse, seríamos budas e teríamos *ushnishas*[4], mas, se nós percebermos no alto de nossas cabeças, não vamos achar, de modo algum, que temos ushnishas. Por não experienciarmos as coisas como são em nosso estado presente, a não dualidade das aparências e a natureza dessas aparências não se aplicam a nós.

Há também um grau de incerteza na minha mente a respeito de como esse conceito está sendo relatado, porque eu também não sei como as coisas aparecem, como as coisas estão sendo traduzidas em inglês e, além do mais, como vocês entenderam esses conceitos. Contudo, o que estava falando no contexto de obstáculos, sobre eu ser capaz de diretamente ajudar os seres, foram impedimentos e obstáculos em eu ser capaz de direta e imediatamente tocar os seres, direta e imediatamente efetivar uma mudança que seja benéfica para os seres. Claro, de modo geral, há sempre algum tipo de ação que é possível com uma intenção. Há sempre algo que podemos fazer, mas pode ser algo bem indireto, o que é bem diferente de ser capaz de gerar um benefício imediato.

---

[4] Nota do editor: ushnisha é uma das marcas de um buda, que é a protuberância no topo da cabeça.

ALUNO – Tive muitas situações em que certamente me senti caloroso em relação a mim mesmo e também em relação a todas as outras pessoas na situação. E penso que tenho um claro entendimento do que a situação é, o que está envolvido. Mas sou incapaz de agir pelo medo das energias que advêm ao mergulhar em tais situações. Acho que minha pergunta é se a habilidade de fazer isso vem diretamente da compaixão ou se é outra coisa no caminho, se isso faz sentido?

LAMA YESHE – Acho que entendo. Se a resposta não corresponder à sua pergunta, quer dizer que eu não entendi sua questão. A única coisa que não entendo é o que você quer dizer com as energias que vão resultar.

ALUNO – No livro do Karmapa, ele fala sobre alguém que poderia cortar nossa cabeça e nós agradeceríamos, e ele diz que é melhor deixar isso para especialistas, o que acho engraçado. Então, é algo como a dor física, ou ter sua cabeça cortada, ou dor emocional por tentar relacionar-se corretamente com a situação e, por exemplo, precisar dizer algo para alguém e então vê-la no trabalho no dia seguinte e durante todo o ano. Algo assim, as consequências de tentar se relacionar com a situação bravamente.

KARMAPA – Bem, isso acontece comigo, do mesmo modo, às vezes, quando tenho de falar com grupos de duzentas ou trezentas ou mesmo mil ou mais pessoas. Às vezes não sei se o que eu digo será adequado a elas ou vai desagradá-las. Em certo sentido, você poderia dizer que a compaixão, que é nossa motivação fundamental em falar, para usar o exemplo que você deu, poderia ser suficiente para sobrepujar ou superar a ansiedade e a dúvida sobre o resultado. O que eu recomendo é fazer preces mentalmente para os gurus, budas e bodhisattvas com a aspiração de que o que você diga seja de real ajuda para os outros e que, mesmo que não seja de ajuda imediata, ajude no futuro.

Para pessoas que estão cultivando compaixão, penso ser importante não deixar a compaixão inativa por dentro e deixar todos os tipos de motivação não virtuosa saírem de sua boca, mas expressar sua compaixão verbalmente. Apesar de a compaixão em si não ter palavras, você pode permitir que a compaixão flua de você com suas ações, incluindo sua fala.

ALUNO – No caso da experiência de um ser senciente no intervalo do bardo após a morte, ainda haveria surgimento de dualidade?

KARMAPA – No caso da experiência do vento da mente sutil não dual, ou mente prana, para um ser senciente no intervalo do bardo após a morte, ainda haveria o surgimento da dualidade entre a cognição experienciadora e o surgimento experienciado da clara luz. Mas, no caso da realização da não dualidade de um buda, não há qualquer dualidade ou distinção entre a sabedoria realizante e o objeto da realização.

Desenvolvendo amor e compaixão

A razão pela qual haveria o surgimento da dualidade para um ser senciente no bardo é que os agregados desse ser, no momento da experiência do surgimento da clara luz, ainda são os agregados confusos de um ser senciente.

A BASE DE NOSSO SER

Em relação à prática da compaixão: a semente da compaixão é inata para todos nós, o que significa dizer que nossa natureza básica é fundamentalmente boa, virtuosa e compassiva. Essas coisas são atributos da base de nosso ser. No entanto, da forma como experienciamos as coisas, esses atributos e a própria base parecem estar obscurecidos por máculas ocasionais ou secundárias, ou obscurecimentos. Essas máculas não afetam a bondade da natureza em si. Para dar a vocês uma analogia, é como a relação entre o sol e as nuvens que, temporariamente, o obscurecem. Apesar de, do nosso ponto de vista, a luz do sol estar obscurecida por essas nuvens, o sol em sua natureza, o sol em si, não é afetado pela presença ou pela ausência delas. Ele sempre retém seu potencial. Dessa forma, compaixão, como uma semente, é inata a todos os seres.

Na tradição budista, nos referimos comumente a essa base fundamental do ser ou natureza como *sugatha-*

garbha ou "natureza de buda", e nos referimos a isso por muitos termos sinônimos, tais como *quididade, nirvana natural,* a *compaixão de todos os budas* e *vacuidade dotada da essência da compaixão*. Isso está presente dentro de cada um de nós como a base de nosso ser.

Essa ideia que encontramos na tradição budista é muito similar à ideia correspondente da tradição hindu de Vishnu, como a base totalmente pervasiva do ser. Uma diferença que podemos notar é a atribuição da forma dessa base totalmente pervasiva em uma tradição hindu e ausência de tal atribuição na tradição budista. Mas a ideia de uma perfeição totalmente pervasiva como base do ser parece muito similar. Na tradição budista, isso é também chamado de *dharmata*, a natureza de todas as coisas, e às vezes, especificamente, de *dharmata luminoso*. Isso é totalmente pervasivo e sempre retém o potencial para a liberdade dos obscurecimentos temporários.

Dada a presença dessa semente dentro de nós, como fazemos para que esse potencial inato para as qualidades da budeidade cresça e se desenvolva? Acho que, principalmente, por meio do desenvolvimento da compaixão. Relacionamos a sabedoria da budeidade, incluindo a sabedoria que corretamente realiza a vacuidade e assim por diante, como o resultado de um processo de desenvolvimento que é impelido, empoderado e alimentado pela compaixão. Na expansão dessa compaixão, o desenvolvimento dessa compaixão que forma o objeto principal do longo caminho que culmina na budeidade, o caminho, como nos foi dito, toma três kalpas ou éons imensuráveis para ser completado.

Esse período de tempo inconcebivelmente longo é cultivado por meio do poder da compaixão. Gradualmente, desenvolve e aperfeiçoa a compaixão dos bodhisattvas e dá a eles a coragem para serem destemidos, independentemente de quantos kalpas levem para atingir a budeidade, destemidos independentemente de quantos seres há para serem trazidos à liberação e à budeidade, e destemidos independentemente de quanto esforço seja necessário para trazer esses seres à liberação. Toda essa coragem tremenda, mesmo inconcebível, vem do desenvolvimento da compaixão e, portanto, observamos a fruição final, budeidade, como um resultado dessa compaixão.

No *Abhisamayalamkara* de Maitreya, ele diz que os shravakas e os pratyekabuddhas surgem da fala do sábio, o Buda. Os budas surgem ou vêm dos bodhisattvas, que surgem da bodhichitta, que surge da compaixão.

O significado disso é que a sabedoria e a realização dos discípulos do Buda, tais como shravakas e pratyekabuddhas, vêm dos ensinamentos do Buda, mas o Buda, incluindo seus ensinamentos, surge de ter sido um bodhisattva, e os bodhisattvas surgem de sua geração de bodhichitta, que surge da compaixão. Portanto, podemos dizer, baseados na autoridade daquela citação, que a compaixão é a raiz de todas essas qualidades e realizações.

De fato, encontramos o termo *bodhisattva* aplicado àqueles que buscam a budeidade, mesmo nas escrituras e nos sutras do veículo comum do budismo. É ensinado que esses bodhisattvas reúnem a acumulação de mérito e sabedoria por um período de cem kalpas até atingirem a budeidade. O estado dessa budeidade é ensinado, no veículo comum, como não sendo diferente do estado de um Arhat em termos de liberdade do obscurecimento. Contudo, não há detalhes sobre o caminho de um bodhisattva como encontramos nas escrituras do Mahayana, mas o termo *bodhisattva,* em si, é encontrado no veículo comum também.

Essa natureza de buda, esse potencial para a remoção de todas as máculas ou obscurecimentos temporários, está presente como um atributo essencial dentro das mentes de todos os seres. E, por sua vez, seu principal atributo é a compaixão em si.

Compaixão pode ser dita como tendo dois aspectos: compaixão focada externamente nos seres; e compaixão que é essencialmente focada internamente na realização do despertar supremo.

O objeto da compaixão focada internamente é a realização de um despertar perfeito que realmente transcenda tanto o samsara quanto o nirvana unilateral. E o objeto ou proposta da compaixão focada externamente é o desempenho real ou o engajamento em benefício dos outros. No que esses dois aspectos da compaixão são iguais: podemos pensar na compaixão como sendo similar a um espelho de dois lados; um espelho que tem dois lados que são igualmente reflexivos e que são realmente dois aspectos da mesma coisa.

Compaixão focada externamente se mostra no despertar como a atividade contínua para o benefício dos seres e que prosseguirá uma vez que os seres continuem a existir, o que é um aspecto ou qualidade da mente realmente excelente. A compaixão focada internamente – sobre a qual anteriormente disse que é o que normalmente chamaríamos de renúncia – aqui é a renúncia que é distinta pelo fato de que não é unicamente a renúncia ao samsara, mas também a renúncia ao nirvana unilateral.

Pelo fato de essa semente da compaixão permear tudo, por ser possuída por todos os seres, podemos dizer que todos os seres, incluindo animais e outros, a têm, o que significa que a mera presença da semente da compaixão, em si, não é suficiente. Por exemplo, é como a jazida de ouro encontrada no solo. Para produzir o ouro, é preciso encontrá-la e, então, refinar a jazida. Da mesma forma, precisamos descobrir e refinar a semente da compaixão dentro de nós, o que fazemos treinando nossas mentes.

A prática do treinamento da mente no Mahayana foi especialmente enfatizada pela tradição Kadampa de Lorde Atisha. O termo *treinamento da mente,* aqui, tem um significado particular. *Mente* refere-se especificamente à "bodhichitta", e o *treinamento da mente* refere-se ao "cultivo dessa bodhichitta". As raízes da bodhichitta e o processo de desenvolvimento incluem o desenvolvimento da compaixão e a sabedoria não dual, que, alinhada com a compaixão, é a causa do despertar. Desses, o que precisamos cultivar, principalmente, é a compaixão, a raiz da bodhichitta em si. Muitos métodos são ensinados para o cultivo da compaixão, principalmente a troca de si pelos outros e demais modos ensinados em uma série de estágios graduais. Vou apresentar isso de uma maneira eclética.

O primeiro passo no cultivo da compaixão é determinar um objeto inicial em direção ao qual você vai desenvolver compaixão. Isso é muito importante, apesar de também ser um passo que pode, às vezes, ser problemático para algumas pessoas por razões que se tornarão evidentes. A razão pela qual precisamos de um foco, um foco específico para nossa compaixão, é que – para dar a vocês uma analogia tradicional – nossas mentes são um pouco como um pedaço de papel em branco, sem nada escrito. Se você tentar gerar compaixão sem um foco específico – *possa eu sentir compaixão por todos os seres* e assim por diante –, isso pode levar a compaixão a ser não mais do que uma abstração: vaga e indistinta, e não poderosa ou de coração. Por outro lado, se você focar em uma pessoa ou pessoas, as quais, na analogia, é como desenhar um retrato de alguém ou talvez escrever o nome delas num pedaço de papel, então o foco da compaixão se torna preciso. Por ser focado em uma pessoa, torna-se de coração, em vez de ser uma vaga abstração.

Às vezes você pode mudar o foco. Por exemplo, para continuar com a analogia, você pode querer inicialmente desenvolver compaixão focada em um de seus pais ou em ambos. Você escreveria, na analogia, os nomes deles no papel com o lápis. Se, em algum ponto, por qualquer razão, você achasse um ou ambos os pais objetos difíceis pelos quais ter compaixão inicialmente, poderia apagar o nome, por ter sido escrito a lápis, e então escrever o nome de outra pessoa.

Em geral, você deveria começar cultivando compaixão por quem quer que tenha sido mais gentil com você, por quem seja mais fácil sentir compaixão. Em geral, precisamos começar o desenvolvimento da compaixão com algum objeto preciso; de outra forma, será vago demais.

Contudo, por outro lado, há também um sentido no qual fazê-lo não tão especificamente focado também pode ser útil. Por exemplo, para usar uma analogia diferente, há muitas pessoas neste ambiente. Se eu tivesse que ir a um mercado comprar uma peça de tecido enorme ou lona, eu poderia facilmente estendê-lo sobre todos, se o tecido fosse grande o suficiente, de uma vez, sem ter de cortar o tecido ou fazer alguma medida específica. Se, por outro lado, eu quisesse fazer um chapéu ou uma cobertura para a cabeça de cada uma das pessoas, isso envolveria muitos cortes no tecido, muita medição, muita contagem e assim por diante – em resumo, muito trabalho. Da mesma forma, se alguém tentar focar seu objeto de compaixão em uma pessoa, pelo fato de esse alguém poder ter uma quantidade limitada de benevolência em relação àquela pessoa, seja por falta de familiaridade ou excessiva familiaridade, ou por simplesmente não ter aquele bom sentimento em relação à pessoa, a compaixão desse alguém pode de alguma forma estar poluída. Por exemplo — e Sua Santidade me usou como um exemplo para isso, o que serve de muitas formas —, você pode imaginar que é fácil pensar a respeito de cada um neste ambiente: que todos sejam felizes, que nunca sofram. Mas, se você focar em uma pessoa, por exemplo, Lama Yeshe, você poderia pensar: "Bem, quero que ele seja feliz, mas também gostaria de vê-lo sofrer um pouquinho. Acho que isso faria bem a ele", o que colocaria um pouco de limite na intensidade ou na pureza da compaixão. Em tal caso, é difícil desenvolver compaixão usando esse tipo de foco. Se alguém tenta se forçar a fazer isso, a despeito do foco específico, ainda permanecerá como uma abstração, uma ideia de compaixão, em vez de algo verdadeiro. Nesse caso, às vezes é bom não fazer separações tão exatas. Por exemplo, por vezes, no desenvolvimento da compaixão, separamos os seres em amigos e inimigos. Inicialmente, tentamos desenvolver compaixão pelos amigos, mas, quando tentamos desenvolver compaixão pelos inimigos, fica muito difícil. Às vezes é melhor desenvolver compaixão sem fazer tais distinções.

O ponto inicial ou raiz do desenvolvimento da compaixão é focar em uma pessoa, a pessoa pela qual é mais fácil desenvolver compaixão. Tradicionalmente, para muitos de nós, seria nossa mãe nesta vida, porque, simplesmente, para a maioria de nós, as pessoas pelas quais sentimos mais gratidão são nossos pais, especialmente nossas mães. Por sentirmos maior quantidade de gratidão por ela, é mais fácil para nós desenvolvermos amor e compaixão por ela. A forma pela qual você faz isso é, primeiramente, cultivar compaixão direcionada a uma pessoa ou objeto específico até ela adquirir autenticidade, até se tornar compaixão autêntica, de coração. Então, você gradualmente expande a compaixão além daquele objeto limitado, de forma que inclua mais e mais seres. Essa expansão, contudo, não envolve trabalhar separadamente a lógica toda por trás da compaixão, tal como a relação entre gratidão, amor e compaixão por cada pessoa.

A base de nosso ser

Tendo trabalhado na relação com o objeto inicial, tipicamente a própria mãe, a pessoa, então, simplesmente extrapola a compaixão em si e a expande para abarcar outros seres e, finalmente, todos os seres, por meio do reconhecimento de que todos os seres são fundamentalmente iguais à própria mãe, ou a quem quer que a pessoa seja ou em quem focou a compaixão inicialmente. É preciso ser feito dessa forma porque, se você tentar passar pelo processo todo, o processo lógico de desenvolvimento da compaixão por cada pessoa separadamente, isso se torna sem fim. A pessoa, inicialmente, desenvolve compaixão autêntica por uma única pessoa e, então, a expande para incluir todos os seres.

Algumas pessoas têm problemas com certos objetos tradicionais de foco inicial da compaixão. Algumas pessoas têm problemas em sentir compaixão por seus inimigos. Outras têm mais facilidade em sentir compaixão por inimigos do que por seus pais. Elas podem ver seus pais como tendo sido abusivos, cruéis ou muito rigorosos. Por terem esse ressentimento, para elas, os pais não são um objeto adequado para começar o processo de compaixão. Nesse caso, elas deveriam simplesmente pegar a pessoa por quem seja mais fácil inicialmente sentir compaixão e, então, tendo ganhado autenticidade na compaixão em relação àquela pessoa, expandir como dito antes.

Uma pessoa não precisa selecionar um ser humano como o foco inicial. Pode ser um tipo diferente de ser, mesmo algo no meio ambiente, como plantas e árvores. Sinto que é apropriado, e de muitas maneiras benéfico, selecionar plantas e árvores como focos iniciais de compaixão. A pessoa deveria passar pelo mesmo processo, começando por refletir sobre a gentileza das plantas e árvores para conosco, refletindo sobre o bem que elas nos fazem, o quanto de nossa sobrevivência e bem-estar depende delas, e assim por diante.

Uma das vantagens de fazer isso é que, se alguém foca em uma pessoa específica e tenta de todo o coração cultivar uma atitude de gratidão por aquela pessoa, esse alguém pode ser afetado por uma demonstração ou reação particular da pessoa por causa das mudanças em sua atitude. Ninguém encontra obstáculo com uma árvore.

Com árvores e plantas, transparece o fato de que elas criam o oxigênio de que precisamos para viver, assim como são fonte de nosso vestuário, nossa comida, nosso papel e assim por diante. E também transparece a terrível situação que elas enfrentam – sendo cortadas, sendo esculpidas, sendo processadas, sendo transformadas em o que quer que seja que se transformem. Não sei se árvores e plantas são literalmente conscientes, mas elas certamente são vida em algum sentido. Elas querem continuar a viver. Elas não cresceriam se não tivessem o desejo de fazê-lo. Por exemplo, elas crescerão mesmo

A base de nosso ser

em ambientes relativamente inóspitos, tais como penhascos e, ocasionalmente, em telhados.

Compaixão focada em coisas vivas no ambiente, compaixão verde, é particularmente valorosa e apropriada hoje em dia. Em geral, meu ponto é que o objeto inicial de alguém ou objetos subsequentes de compaixão não precisam estar limitados a seres humanos. O objeto raiz de alguém pode ser outro tipo de ser, incluindo animais, árvores e plantas, ou mesmo eu. Você pode pensar em mim com compaixão: "Oh, ele sofre tanto! Ele tem tão pouco controle sobre onde vai e o que faz, tão pouca liberdade. E ele está sob tanta pressão".

Tradicionalmente, é ensinado que, uma vez que tenhamos cultivado compaixão pelo foco inicial – o objeto inicialmente escolhido para nossa compaixão –, o extrapolamos gradualmente em direção a todos os seres baseados no entendimento de que, desde o samsara sem início, todos os seres têm sido várias vezes nossa mãe. Obviamente, a aceitação disso depende da crença em renascimento, em vidas passadas e futuras, o que, por sua vez, usualmente depende do estudo e do entendimento das provas lógicas que estabelecem o renascimento. Assim, como uma distinção é feita nas formas de se seguir o caminho, baseado em gradações de praticantes individuais, inicialmente é possível começar focando apenas na conexão de alguém com outros nesta vida, o que deixa óbvio a necessidade de acreditar em vidas passadas e futuras.

Há outras vantagens nisso também. Nesta vida, este mundo é um objeto de experiência direta para nós. É, portanto, relativamente fácil para nós nos importarmos fortemente com os outros, neste mundo. A forma pela qual extrapolamos a compaixão em relação aos outros considerando apenas esta vida é refletindo sobre o fato de que, praticamente todo evento significativo que ocorre em qualquer localidade deste mundo irá, futuramente, afetar a todos no mundo inteiro. Podemos ver esse tipo de conexão interdependente entre os seres neste planeta como um tipo de conexão cármica. Uma pessoa pode refletir sobre isso de uma forma negativa, mas talvez fosse melhor abordar isso de uma forma positiva, lembrando-se de como a benevolência de outros seres permite o seu bem-estar. Você poderia, contudo, pensar sobre isso negativamente, como, por exemplo, o fato de que o sofrimento e a tristeza de outros seres tornam-se causa direta ou indireta de sua tristeza também. Mesmo que você não considere, no momento, vidas passadas e futuras e que todos os seres tenham sido sua mãe, e assim por diante, mesmo que você se limite à consideração de um par de pais nesta vida, você ainda pode extrapolar essa compaixão em direção a todos os seres com base na conexão de todos os seres neste mundo.

Digo isso porque, às vezes, quando as pessoas são ensinadas a cultivar a gratidão pelos outros começam a se sentir estranhas, como se estivessem sendo pressionadas a cultivar uma gratidão que não sentem naturalmente. Esse sentimento de pressão é desnecessário e podemos evitá-lo simplesmente levando em conta as circunstâncias reais, as razões reais pelas quais elas são dependentes da gentileza dos outros; então, o sentimento natural de apreciação e gratidão surge.

Quando refletimos sobre a gentileza de outra pessoa, o quanto ela nos ajudou, o quanto de bem ela nos fez e quão amável ela é conosco, natural e gradualmente começaremos a sentir amor por ela. Chegaremos a acalentá-la e a valorizá-la. Será como a atitude de crianças pequenas em relação aos bichos de pelúcia que elas apreciam. Crianças pequenas sentirão grande apego em relação a seus bichos de pelúcia, tanto que desejam intensamente que os bichos não sejam perdidos, destruídos ou danificados de jeito algum. Desse modo, o indivíduo vai desenvolver uma atitude de valorização da pessoa cuja gentileza ela aprecie, e isso fará o amor surgir naturalmente, e então, no despertar do amor, a compaixão.

A compaixão surge e se desenvolve baseada em nossa livre escolha, nossa livre e consciente escolha. Compaixão não se desenvolve por acidente. Não é desenvolvida sem liberdade de escolha. Em geral, a virtude surge a partir de uma escolha consciente. Isso é, de alguma forma, diferente do modo como os kleshas surgem em nossas mentes. Kleshas tipicamente surgem sem muita escolha de nossa parte, como resultado de nosso hábito anterior a eles. Por outro lado, pensamentos virtuosos, para serem totalmente autênticos, devem surgir como resultado de nossa escolha livre de dar surgimento a eles. Lembre-se de que você tem a liberdade de fazer a escolha de cultivar a compaixão e de cultivar a virtude. Digo isso porque, às vezes, as pessoas se tornam desesperançadas. Elas pensam que não importa cultivar pensamentos virtuosos ou não, porque não têm o poder de deter o surgimento dos kleshas. Isso está incorreto. É importante que nós realmente escolhamos conscientemente cultivar a liberdade e o controle de nossas mentes.

Compaixão é essencialmente o desejo de liberdade do sofrimento e, quando focada em outros, refere o desejo de que os outros se livrem do sofrimento. O *Sutralankara* explica dez razões pelas quais é apropriado sentir compaixão pelos seres. Uma razão mencionada nesse texto é que os seres estão sob o poder de um inimigo flamejante, e esse inimigo flamejante se refere à ignorância e aos kleshas dos seres. Isso os faz, sem controle algum ou liberdade, passar por renascimentos contínuos no samsara.

Outra razão é que os seres estão obscurecidos pela escuridão de seu sofrimento. Isso significa que, como resultado desses kleshas e da ignorância que causa renascimento, os seres acumulam carma, e esse acúmulo de carma, por sua vez, faz os seres realmente sofrerem. Dessa forma, os seres estão oprimidos e ameaçados por seu grande sofrimento. Em terceiro, no meio de todo esse sofrimento, quando os seres experienciam um breve momento de alívio, tal como um renascimento em um estado mais elevado e assim por diante, eles se agarram à felicidade maculada e instável que lá experienciam brevemente, como se ela fosse durável e mais estável. Esse apego em si causa o acúmulo de ações posteriores que conduzem a renascimentos posteriores e assim por diante. Em resumo, por essas e muitas outras razões, é explicado no *Sutralankara, O ornamento aos sutras*, por que é apropriado sentir compaixão e como uma pessoa pode desenvolvê-la.

Além do mais, é ensinado que não devemos manter a compaixão que desenvolvemos escondida dentro de nós. Alguém pode cultivar conscientemente compaixão pelos seres enquanto está no templo, mas, então, quando vai para o trabalho, talvez abandone toda a compaixão e volte ao estado habitual de rabugice raivosa. Isso não é suficiente. Precisamos expressar a compaixão que desenvolvemos em ação compassiva. Precisamos agir compassivamente. Precisamos tomar os sentimentos de compaixão a que demos surgimento por meio de nossa prática e trazê-los e expressá-los como uma ação ou atividade. Os sentimentos em si são muito bons, mas devem ser expressos em ação também.

PERGUNTAS E RESPOSTAS

ALUNO – Sua Santidade falou sobre a mente de prana sutil. Poderia explicar a relação entre isso e a interconectividade? E, depois, por que estamos nesta terra e por quanto tempo estaremos aqui?

KARMAPA – Primeiramente, precisamos entender que o termo *prana*, "vento", não se refere ao vento literal. É usado para se referir ao movimento e, nesse caso, à inseparabilidade da mente muito sutil e o movimento muito sutil. A inseparabilidade da mente e do vento, em geral, se refere ao movimento da mente que é, por exemplo, a entrada da cognição de alguém, a mente de alguém, em um objeto, a interação com aquele objeto, que pode ser referida como um movimento da mente. Nisso está o movimento, é considerado um vento. Se fizermos uma distinção entre a mente em seus atributos essenciais e o vento, trata-se de uma distinção entre duas coisas separadas que não são, de fato, duas coisas diferentes, mas que nós podemos separar uma da outra na discussão, aos analisar os atributos que são possuídos por aquela unidade inseparável.

Por exemplo, quando falamos sobre essa unidade inseparável da mente ou cognição, estamos falando de seus atributos fundamentais, sendo capacidade cognitiva lúcida ou consciência lúcida. E quando falamos sobre ela como vento ou movimento, nos referimos ao seu atributo de se mover ou à capacidade de se mover em direção a um objeto, de interagir com um objeto e assim por diante. Esses são isolados, mas não são duas coisas diferentes.

No que diz respeito à relação entre essa "mente-vento" inseparável e a interdependência, é por meio do movimento dessa mente-vento que todas as coisas do samsara e do nirvana surgem. Quando há movimento, todos os fenômenos do samsara e do nirvana surgem do chão ou base, que é a consciência luminosa, esse vento extremamente sutil. Eles (os fenômenos) surgem por meio do movimento dessa cognição muito sutil e se dissolvem na base dessa cognição muito sutil em si, também por meio do movimento, assim como, por exemplo, as ondas na superfície do oceano surgem do oceano, se dissolvem nesse oceano e são feitas de nada além do que água do oceano em si. Essa é a primeira questão.

Quanto ao tempo em que estaremos aqui, você quer dizer neste planeta ou no samsara? Primeiramente, vamos limitar nosso campo de consideração a esta galáxia porque, se começarmos a falar do Universo como um todo, vai simplesmente ficar perturbador. Diz-se que há bilhões e bilhões de estrelas nesta galáxia, e muitas delas aparentemente têm planetas. Mas, até o momento, e até onde sabemos, este é o único planeta que pode suportar a vida como a conhecemos. Se há outros, estão presumivelmente muito longe para serem de algum uso prático para nós.

Este planeta é considerado como o lugar de carma. Em um sentido, é porque as situações neste planeta são muito cármicas por natureza. Em particular, é entendido que este planeta, como um local que pode suportar a vida, é um produto do carma coletivo daqueles seres que tomam renascimento aqui ou se envolvem com este planeta. Se pensarmos nisso, as circunstâncias da Terra são fantásticas. Por exemplo, a Terra é o terceiro planeta a partir do Sol e, apenas considerando isso, é uma das coisas necessárias para suportar a vida. Se estivéssemos bem mais próximos do Sol, seria quente demais, seríamos queimados. E se estivéssemos bem mais longe do Sol, seria frio demais e congelaríamos. Incrivelmente, este planeta permanece na órbita correta, de forma que temos a faixa de temperatura correta e assim por diante. Diz-se que tudo isso é o resultado do carma coletivo dos seres deste planeta. Em detalhes, não sei exatamente qual carma acumulamos para isso ocorrer.

Em relação a quanto tempo ficaremos aqui, cada um de nós está aqui até morrer, e então não estaremos mais. Estaremos em outro lugar. É isso o que você quer dizer ou está falando sobre 2012[5]? Alguém poderia continuar a renascer neste planeta, principalmente, por acumular o carma virtuoso necessário e por fazer a aspiração de renascer aqui.

MODERADOR, RAJIV – Se eu puder levar isso um pouco além, a questão, penso, foi sobre qual o propósito da existência humana e não apenas a existência física, mas a noção de consciência? Sua Santidade acredita que a consciência é um subproduto de processos bioquímicos? E, nesse sentido e nesses termos, quais são os objetivos e a sua destinação?

LAMA YESHE – Você quer dizer propósito no sentido teológico?

ALUNO – Bem, no sentido que Sua Santidade interpreta e o que ele entende ser, porque, quando olhamos para essa vida, penso que estamos olhando para o assunto da consciência, se olharmos como a vida se desenvolve em direção à consciência. Então, esse processo evolucionário tem um propósito? Há um grande projeto na ausência de um deus criativo?

KARMAPA – Bem, quando falamos sobre a mente ou a consciência, que tem os atributos fundamentais da luci-

---

[5] Nota do editor: uma referência à popular profecia maia que previa que o mundo acabaria em 2012.

dez cognitiva, a capacidade de conhecer, pensamos nela como uma das três categorias ou coisas: formas, formação não mental ou formações não cognitivas e cognição. E, dessas três, a consciência também pode ser chamada de cognição.

Quando os cientistas examinam a consciência, em virtude do procedimento da ciência, eles estão necessariamente fazendo isso baseados no exame do físico, tal como o exame da interação da química do cérebro ou outros processos físicos no cérebro e a consideração da mente ou cognição, consciência, como resultado de alguma interação de químicos, tal como na proposta de evolução da consciência. Mas permanece a questão: se a consciência resultou da interação de químicos, por que aqueles químicos interagem de tal forma para produzir consciência? Além do mais, pensamos em nossa mente, nossa cognição, como a controladora de nossos corpos, mas a mente e o corpo existem como uma união interdependente de duas coisas. Uma união deve sempre ser a união de duas coisas. Você nunca pode usar o termo união para apenas uma coisa. E, da mesma forma, a interdependência de mente e corpo não teria surgido por meio da preexistência do corpo ou forma e o subsequente surgimento ou chegada da cognição. Então, penso que, quando examinamos os atributos da consciência por meio do exame da interação dos químicos do cérebro, da interação dos processos químicos em geral, estamos, certamente, examinando um aspecto dela, mas, por meio de tal exame, não acho que temos já certificada a causa fundamental para a presença da consciência.

ALUNO – Sua Santidade, tenho uma pergunta sobre o sofrimento no nível do nirmanakaya (tulku), que é o corpo ilusório. Quero perguntar: há sofrimento e de que forma há sofrimento ou de que forma o senhor o experiencia? Basicamente, o que quero lhe perguntar é se o senhor experiencia sofrimento em seu nível, que percebo como nirmanakaya (tulku)? E de que forma o senhor o experiencia? E, se eu me refiro a isso de meu próprio modo, é minha percepção deludida de que há uma experiência de fato? Acho que essa é minha questão.

KARMAPA – Bem, se você pergunta sobre o nirmanakaya real, que é parte do trikaya – dharmakaya, sambhogakaya, nirmanakaya –, então o nirmanakaya não sofre, porque o sofrimento é uma sensação, um dos agregados que foram abandonados. Portanto, o nirmanakaya não sofre. Se você pergunta sobre aqueles que são chamados tulkus convencionalmente, tais como eu mesmo, então, oh, eu sofro. Definitivamente, sofro. Você não precisa se preocupar. Sofro tanto em minha própria experiência como na percepção de outros.

ALUNO – Muito obrigado por seu ensinamento hoje, Sua Santidade. É maravilhoso revê-lo. O senhor falou sobre jogar com kleshas, um jogo em que quem vence: eu ou o klesha? Espero ouvir um pouco mais sobre isso. Em minha vida e minha prática formal nesse momento, acho que os obstáculos são muitas, muitas bênçãos, e não estou realmente certo sobre o que fazer. É um tipo de confusão sobre como organizar meu tempo. E, quando forço, ele vence. Quando o deixo ir, ele também vence. Então, penso que talvez sua sugestão de jogar com ele como um jogo poderia ser muito útil para mim e, talvez, para outros aprenderem mais a respeito.

KARMAPA – Parece que você tem a sensação ou o sentimento de ter recebido grandes bênçãos, mas não tem certeza sobre como organizá-las em um formato prático, acessível. Para organizá-las, você precisa juntar mais bênçãos, mas você faz isso abençoando seu próprio ser por meio do cultivo da virtude. A necessidade de bênçãos adicionais para organizar e cuidar das bênçãos que você recebeu é parecido com uma pessoa que tem muitas propriedades e precisa de um cuidador ou organizador que possa tomar conta de todas elas. Abençoe seu próprio ser por meio da acumulação de virtudes adicionais.

Há um ditado sobre isso. Diz assim: "Sem administração, as virtudes de alguém são como um tesouro sem dono". Administração, neste caso, se refere à circunspecção e à faculdade da mente que é vigilância atenta em relação às virtudes de alguém. Se falta para a pessoa essa administração, mesmo se acumular virtudes, elas não serão cuidadas, e, então, qualquer coisa pode acontecer a elas, como um tesouro que é deixado sem um proprietário ou guardião, de forma que qualquer um o pegaria. Poderia ser pego por alguém com uma intenção virtuosa ou alguém com uma intenção não virtuosa. Mesmo se uma pessoa receber muitas, muitas bênçãos, precisa organizá-las, abençoando-as por intermédio da circunspeção.

ALUNO – Duas questões, Sua Santidade. Na escolha de uma pessoa como objeto de compaixão, pode ser ela mesma? É apropriado?
KARMAPA – Sim, se você puder sentir compaixão por si mesmo.

ALUNO – A segunda questão é sobre mente sutil e vento sutil como sendo uma entidade indivisível. A mente, como a conhecemos, não é complacente com os sentidos – sem cor, sem gosto etc. Definitivamente, nunca ouvi que ela, a mente, tenha movimento. Agora, prana sutil, o quão sutil possa ser, demonstraria algum tipo de partícula que eu imaginaria ou algum aspecto não similar à mente. Estou apenas perguntando. Duas coisas que demonstram tais características divergentes – como as vemos como uma entidade indivisível?
KARMAPA – É verdade que a mente em si não tem cor, forma etc. Contudo, a mente pensa, e pensar é um tipo de ação, movimento ou mudança. E a mente pensante é

o modo como a mente entra ou interage com objetos da mente, objetos do conhecimento. E é essa entrada nos objetos, a entrada da mente nos objetos, que é referida como movimento. Não significa o movimento da mente de um lugar para outro, como uma entidade física.

ALUNO – Quando alguém quebra uma grande pedra, sinto que isso é errado. Gostaria de uma explicação sobre este sentimento e se deveríamos sentir compaixão por pedras, porque é realmente um sentimento forte de que algo está errado ao se fazer isso.

KARMAPA – Se funciona para você, se realmente ajuda você a desenvolver compaixão, então, claro que está correto focar em rochedos, rochas grandes e outros, porque o fato de funcionar para você está realizando seu propósito. Portanto, está certo. Há um ditado, em tibetano, que diz: "Se melhora a qualidade da manteiga, pode-se até mesmo adicionar gordura de cachorro".

A prática de amor e compaixão de Tchenrezig

Nessa tarde, vou apresentar a vocês a transmissão para a prática de meditação de Arya Avalokita, o bodhisattva Tchenrezig.

Tenho falado um pouco sobre compaixão e, basicamente, tenho dito o que quer que tenha ocorrido para mim, no momento. Se refletirmos sobre nossas vidas até esse ponto, veremos o quão importante a compaixão realmente é em nossas vidas. Veremos ainda que realmente experienciamos compaixão, apesar de tendermos a ignorar tais experiências ou subvalorizá-las e descartá-las. Assim como quando dedicamos virtude e juntamos todo o mérito acumulado ao longo do passado, presente e futuro em uma única coisa, da mesma forma precisamos juntar todas as nossas experiências de compaixão e, baseados nisso, cultivá-la conscientemente em nossas vidas.

O bodhisattva Arya Avalokita, ou Tchenrezig, na forma de divindade sem consorte, é a personificação de toda a compaixão que reside nos corações de todos os budas de todas as dez direções e de todos os tempos – passado, presente e futuro. Ele é descrito como branco e brilhante como o disco de lua cheia, para indicar que sua compaixão não oscila. Não aumenta nem diminui. Essa é a compaixão dele pelos seres, sem exceção. Ele tem quatro braços porque está muito ocupado e é trabalhador? Não, ele tem os quatro braços para mostrar que ele beneficia a todos os seres por meio dos[6] quatro incomensuráveis.

Os quatro incomensuráveis são amor, compaixão, alegria empática e equanimidade, mas não posso dizer a vocês qual mão representa qual dos quatro. O que quer que ocorra a vocês, está, provavelmente, correto. E penso que a razão pela qual ele aparece vestido com roupas de um laico, em vez de monásticas, é que aqueles que são domados por ele são mais leigos que monásticos.

O nome dele é, de forma extensa, Arya Avalokiteshvara, mas não vou analisar o nome como aparece no sânscrito original porque há, sem dúvida, muitas pessoas aqui de origem indiana que são versadas em sânscrito, e isso significa que, se eu errar, posso ser pego, o que seria embaraçoso. Portanto, para evitar isso, vou comentar sobre o nome como é traduzido em tibetano, que é Pagpa Tchenrezig Wangtchuk. Ele é chamado Tchenrezig, ou

---

[6] Neste livro, usou-se o artigo masculino para se fazer referência aos quatro pensamentos incomensuráveis que podem ser cultivados.

"Aquele que olha com seus olhos", porque os olhos dele estão sempre olhando ou vendo todos os seres o tempo todo. Esse nome, portanto, não deveria ser particularmente visto como um nome comum de uma pessoa, mas como uma descrição das qualidades da mente dele.

Um sinônimo para este nome é Mig Midzum, "Olhos nunca fechados". Não significa literalmente que ele nunca pisque ou nunca feche os olhos. Sabemos, por nossa própria experiência, que, se você tem olhos, precisa ocasionalmente piscar. O título "olhos" refere-se à sua compaixão, ao olhar ou à consideração de sua compaixão, que é incessante e não oscila.

Em resumo, seu nome e o título referem-se às suas qualidades. Portanto, fazendo a prática de Tchenrezig, é importante não imaginar simplesmente a forma dele, mas, essencialmente, focar no cultivo de sua essência, que é a grande compaixão. Eu penso que, uma vez que você cultive o atributo essencial de Tchenrezig, que é a grande compaixão, está ok se você, junto com isso, visualizar a forma dele; mas também está ok se não visualizar. Digo isso porque penso que, às vezes, nós superenfatizamos a importância da imagem visual de uma divindade na prática da meditação da divindade. Superenfatizamos e, às vezes, negligenciamos as qualidades de sabedoria dentro da mente da divindade. No caso de Tchenrezig, não prestamos atenção à sua essência ou aos atributos da mente, que é principalmente a grande compaixão. Aqui, é importante prestar mais atenção ao atributo essencial dele. Não visualize Tchenrezig sem compaixão, porque, se você produzir algum tipo de Tchenrezig em que falta a compaixão, será extremamente estranho.

Vou contar a vocês uma história e, por mais engraçada que pareça, não é inteiramente uma piada. Em uma parte não específica do leste do Tibete – e não vou especificá-la, porque não quero ofender ninguém – havia um charlatão. Esse charlatão disse às pessoas: "Recentemente, fui a Sukhavati, o reino de bem-aventurança de Amitabha, fui lá encontrar o Buda Amitabha". Ele chama o Buda Amitabha por um nome engraçado, Abo Ulu. Ele foi lá encontrar o Buda Amitabha e disse: "Enquanto estava lá, Amitabha estava dormindo; então, Arya Tara veio e o acordou, dizendo: 'Amitabha, Amitabha, você deve acordar porque (ele se deu o nome de Tulku Drowa Drenpa, que quer dizer Nirmanakaya que guia seres ou conduz seres à liberação) Tulku Drowa Drenpa está de partida para o mundo humano e você tem de acordar e dar instruções a ele'". O charlatão continuou com a história: "Então, Amitabha de repente acordou e disse: 'Oh, Tulku Drowa Drenpa está de partida para o mundo humano. Rápido, devemos oferecer a ele chá para beber e tsampa, farinha de cevada seca, para comer'". E ele continuou com a história.

"Agora, o responsável pelo chá, o preparador do chá no reino de Sukhavati, é o bodhisattva Vajrapani, e, se você se perguntou por que Vajrapani é de cor azul-escuro, é porque ele está fazendo chá o tempo todo [Sua Santidade disse que isso é uma referência ao fato de que cozinhas tibetanas são frequentemente lugares enfumaçados, e este charlatão, claro, assumiu que elas devem ser assim em Sukhavati] e toma toda aquela fumaça sobre ele, de forma que ele fica azul-escuro. E quanto à cor de Tchenrezig, você sabe que ele é branco porque ele é o único que busca o tsampa, a farinha de cevada seca. Ele toma farinha sobre si todo e é por isso que é branco."

Tendo dito isso a eles, chegou ao ponto de sua história. "E, então, Tara me instruiu, e ela disse: 'Este ano, está extremamente frio aqui em Sukhavati. E Amitabha', a quem ela se referia nesta relação da história como Abo Ulu, 'está sofrendo com o frio. Então você, Tulku Drowa Drenpa, por favor, vá ao mundo humano e adquira — e em diferentes versões da história, diferentes números são dados, mas vamos dizer dez, Sua Santidade disse — peles de cordeiros brancos ou peles de ovelhas de boa qualidade e os traga de volta aqui. Certamente, todos aqueles que oferecerem isso a você renascerão em Sukhavati como resultado'". Então, ele concluiu a história: "E eu concordei de assim o fazer e é por isso que estou aqui". Desse modo, o objetivo todo dele era apenas ludibriar as pessoas para adquirir peles de ovelha de boa qualidade.

Compaixão agora!

O ponto crucial da história é que esse é o tipo de coisa que ocorre ao prestarmos muita atenção à aparência das divindades, sem nenhuma lembrança do significado da aparência.

O kalyanamitra, ou amigo espiritual, é o guia que pode ser um bodhisattva, tal como Arya Avalokiteshvara. Há quatro tipos de amigos espirituais. Há o amigo espiritual que é uma pessoa; o amigo espiritual que é o Dharma, os ensinamentos em si, que é quando os ensinamentos surgem como um amigo espiritual; há a própria mente de alguém como um amigo espiritual; e há o amigo espiritual dentro de todas as aparências.

Como o Buda ensinou, devemos atingir a liberação de nós mesmos por meio de nosso próprio esforço. Em relação à confiança em um amigo espiritual, de um ponto de vista claro, o caminho é algo que devemos percorrer com nossos próprios esforços. No entanto, emular o exemplo de um grande bodhisattva, tal como Tchenrezig ou Arya Manjushri, é de grande benefício. Isso é especialmente o caso no qual, como o Buda ensinou, todos os Dharmas do Buda dependem do amigo espiritual, porque é o amigo espiritual que nos ensina o que aceitar e o que evitar.

No caso do bodhisattva Tchenrezig, suas ações e seu exemplo nos ensinam de uma forma profunda o que fazer e o que não fazer, o que significa que, mesmo se nós não pudéssemos pessoal e diretamente encontrar o bodhisattva Tchenrezig, ele naturalmente se tornaria nosso amigo espiritual porque estamos aprendendo o que deve ser feito, e o que não deve, a partir do exemplo dele e das histórias de suas ações.

A prática de Arya Avalokita e a meditação nele foram tradicionalmente disseminadas por Índia, Tibete, China e outros países e foi, de modo expressivo, a quintessência da prática de muitos. No caso particular do Tibete, o Dalai Lama é considerado por nós como a aparência de Tchenrezig, de Arya Avalokita, na forma humana para o benefício dos seres. Todos os tibetanos sentem uma conexão muito pessoal com Tchenrezig, que é literalmente um buda vivo que aparece entre nós e em quem nos apoiamos de uma forma muito direta e pessoal.

Eu nasci e cresci em uma família e em um lar que eram cheios do calor que vem da prática da meditação em Tchenrezig. Como alguns de vocês podem ter ouvido, minha avó materna e minha mãe, depois dela, constantemente recitavam o mantra OM MANI PADME HUM, o que significou que, desde tenra idade, fui envolvido pelo som desse mantra. Quando falei sobre ter um tipo de compaixão desde a mais tenra idade, penso que foi resultado disso.

Quando quer que haja uma família, podemos falar da herança que alguém recebe dos pais. Por eu não ter recebido nenhuma outra herança de meus pais – já que aos meus sete ou oito anos fui reconhecido e mudei-me para outro lugar –, vejo a prática de Tchenrezig como a herança que recebi. Graças à minha experiência dela cedo na vida, tenho o hábito dela; tenho a bênção dela. Vocês podem pensá-la como minha herança paterna, minha herança materna, mas, qualquer que seja, penso nela como minha única herança de meus pais e, portanto, quase invariavelmente divido essa herança com todos, oferecendo a transmissão para essa prática de Tchenrezig de quatro braços em toda audiência pública de que participo. Fazendo isso, dividindo minha única herança familiar com vocês, sinto que estou fazendo de todos nós uma única família, como um lar.

A transmissão que dou para essa prática é baseada na liturgia "O bem dos seres enche o espaço", que foi composta pelo Mahasiddha Thangtong Gyalpo durante o Século 15. No início, vou recitar a liturgia e, então, fazer a transmissão do mantra; depois, meditaremos um pouco e estará feito.

[O Karmapa faz a transmissão]

Estou encantado por ter podido passar os dois últimos dias com vocês discutindo compaixão. Em tempos como esses que vivemos, é dito que ambos, o meio ambiente e os habitantes do ambiente, estão em uma situação crítica, o que significa que habitamos um ambiente mais ou menos preenchido com dióxido de carbono e nós, os habitantes, somos afligidos por um grande grau de ignorância. Em tais tempos, mesmo relembrar de amor/bondade e compaixão é tremendamente virtuoso e, portanto, estou encantado por ter tido a oportunidade de oferecer a vocês alguma familiaridade com as ideias por trás do amor/bondade e da compaixão e de plantar sementes dentro de vocês.

Além disso, gostaria de agradecer, do fundo de meu coração, e expressar minha gratidão à Foundation for Universal Responsibility, fundada pelo Dalai Lama, e a Rajiv, que a lidera. Se você traduzir Foundation for Universal Responsibility em tibetano, será algo como "grupo que toma inteira responsabilidade sobre si pelo bem-estar desses bilhões e bilhões de mundos"; então, acho que temos de ser muito gratos a Rajiv porque ele, evidentemente, toma essa responsabilidade sobre si. Quero agradecer a ele e à Foundation, do fundo do meu coração.

Em adição, quero agradecer a todos vocês. Obrigado a todos os envolvidos, de qualquer forma. Realmente, não me preparei para isso. De Bodhgaya fui para Varanasi e permaneci lá durante os preparativos e a celebração inicial do Losar, o Ano Novo Tibetano. Uma vez que as celebrações do Ano Novo ou Losar continuam, de certo modo diria que minha cabeça está no Losar e não realmente em compaixão, pelo que me desculpo. Ao mesmo tempo, estou muito satisfeito por ter tido a oportunidade de intensificar meu sentimento de conexão com todos vocês e agradeço a vocês por me proporcionarem essa oportunidade. Espero sinceramente, do fundo de meu coração, que nossa discussão produza grande benefício para vocês e para outros.

Em relação à compaixão, às vezes, quando é mantida dentro e não expressada, não aplicada em ação, pode se tornar uma fonte de sofrimento. Ter compaixão e sentir que você não pode fazer nada para ajudar, pode ser frustrante. Alguém uma vez veio até mim e disse que tinha visto um cão que havia sido atingido por um carro. O cão ferido estava deitado e alguns insetos estavam se alimentando dele. Não havia muito o que essa pessoa pudesse fazer pelo cão. Mesmo se removesse os insetos, eles morreriam de fome; então, a pessoa realmente sentiu falta de um jeito qualquer para implementar a sua compaixão e achou isso bem deprimente.

Sendo esse o caso, precisamos nos lembrar de que as situações que encontramos não são sempre assim, e a compaixão nem sempre tem que ser vista como algo em que não há nada que possamos fazer, porque, de fato, há sempre algo que podemos fazer. Se começarmos pequenos, com pequenas coisas e de maneira bem simples, iremos, de fato, emular o exemplo de grandes mestres do passado que nos asseguraram que o que quer que fizessem, mesmo ações neutras, eram motivadas pelo desejo altruístico de beneficiar os outros. Então, quando grandes mestres do passado entravam em retiro, a cada passo que tomavam em direção ao local do retiro, pensavam:

"Que eu possa com esse passo beneficiar os seres. Que esse passo possa beneficiar os seres". Quando eles amarrassem seu cinto no começo do dia, pensavam: "Que o amarrar desse cinto seja de benefício para os seres".

Dessa forma, se pensarmos que tudo o que estamos fazendo, mesmo que seja uma ação neutra que não é diretamente benéfica para outros seres, se pensarmos que isso é feito com o propósito de beneficiar os outros, embora não seja o caso de imediatamente produzir algum tipo de benefício fantástico para os outros, será o caso em que sua motivação resultará e produzirá, no futuro, uma ação que será diretamente benéfica para muitos. Sem tais métodos profundos, começar com ações muito simples e assim por diante, não temos nenhuma forma de implementar compaixão. Então, por favor, mantenham isto em mente, e muito obrigado.

MODERADOR, RAJIV – É com grande nervosismo e hesitação que eu me intrometo, vindo depois das palavras de um grande mestre e pelo profundo impacto que teve em nós, mas penso nisso como um gesto coletivo de profunda apreciação a Peter, por ter sido um intérprete tão maravilhoso e um transmissor tão eloquente das ideias, palavras, sabedoria de Sua Santidade, e muito de seu humor. Obrigado, Peter (Lama Yeshe).

LAMA YESHE – Por nada. Obrigado

MODERADOR, RAJIV – Há pouco que podemos oferecer à Sua Santidade, em termos materiais e físicos, além de nossa gratidão profunda e apaixonada pelo tempo que ele nos ofereceu e passou conosco. Está bem além do que o senhor disse, Sua Santidade. Foi sua presença e quem o senhor é, tanto quanto o que nos disse, que é verdadeira e profundamente transformador. Acho que são apenas 200 corações que devem falar por si porque, realmente, não sei o que dizer, exceto uma prece por sua longa vida, sua contínua felicidade, de forma que possamos ter o privilégio e o prazer contínuos, e a bênção, de ouvi-lo novamente. E eu também estaria falhando se não dissesse que, quando Sua Santidade disse palavras gentis sobre mim, eu me senti como se a poeira branca da farinha na cozinha estivesse me cobrindo. As pessoas que realmente fizeram o trabalho estão escondidas no canto, e eu gostaria de convidá-las a vir aqui e oferecer um kathar em nome de todos nós – Raji Ramanan, Thupten Tsewang, Kunchok Dolma e Devender.

Compaixão agora!

Expressamos nossa gratidão e nossa apreciação à Sua Santidade, o Gyalwang Karmapa, por seu belo ensinamento sobre amor e compaixão, a Lama Phuntsok, Tashi Paljor, Ani Damcho e Jacek Rosa, por realizarem a produção deste livro, e a Jeanette Defries, Chris Tucker e Yeshe Wangmo, por seu apoio editorial inestimável.

Maureen McNicholas e Peter van Deurzen

Agradecimentos

KTD Publications, uma parte de Karma Triyana Dharmachakra, é uma editora sem fins lucrativos, estabelecida com o propósito de realizar os projetos e as atividades que se manifestam da inspiração e das bênçãos de Sua Santidade. Somos dedicados a "juntar as guirlandas dos ensinamentos preciosos dos gurus" e produzir livros de fina qualidade.

KTD Publications
Woodstock, Nova York (EUA)
www.KTDPublications.org

QUE MUITOS SERES SEJAM BENEFICIADOS!

Para mais informações sobre lançamentos da Lúcida Letra, cadastre-se em
www.lucidaletra.com.br

Impresso na gráfica Vozes sobre papel Polen Bold. Este livro foi composto em Hoefler Text e Priori Sans.
Agosto 2021.